D1730920

Maria de Lourdes Modesto

Coisas Que Eu Sei

Maria de Lourdes Modesto

Coisas Que Eu Sei

ILUSTRAÇÕES
JOÃO PEDRO COCHOFEL

OFICINA
DO LIVRO

Ao Jorge Colaço, pela sua preciosa ajuda
na revisão dos textos originais.

índice

COISAS QUE EU SEI

Passa-se a vida a aprender coisas, e aos 90 anos há muitas coisas que eu sei. Coisas que *fui sabendo,* para usar uma fórmula cara aos alentejanos. Essas coisas que fui sabendo ao longo dos anos são, no fundo, a matéria dos meus livros. São coisas que nunca quis só para mim, mas para repartir com os outros, como se eu fosse um elo numa longuíssima cadeia, pois muitas destas coisas aprendi-as de outras pessoas que também as repartiram comigo: amigos, autores, cozinheiros, estudiosos, artesãos, curiosos, produtores, professores e por aí adiante. Além destas fontes tão ricas e diversas, estudei e cozinhei eu própria para melhor compreender a variedade sempre surpreendente do mundo dos alimentos e das técnicas exigidas pela sua confecção. É isso que tenho feito desde a primeira hora. No último livro que publiquei, *Sabores com Histórias,* reuni crónicas, algumas delas rematadas por receitas, publicadas em locais diversos, mas cuja leitura recomendava que fosse feita no comboio, isto é, com vagares de viagem. Mais com disponibilidade para saber do que imediatamente fazer. No presente volume, reúno mais uma porção dessas crónicas (e também receitas), sempre com o desejo de que os leitores fiquem na posse de algumas daquelas coisas que eu sei.

ENQUANTO É TEMPO...

e não há um minuto a perder. Receio que já estejamos a perder o comboio.

Desde que há 50 anos me apaixonei pela cozinha portuguesa, vi desaparecer gente, autênticos livros de saberes culinários e alimentares, de impossível recuperação. Reclamo ainda hoje a parte da herança que me caberia, se o testamento, o testemunho, tivesse sido passado por escrito, hoje em imagem.

Até aos 27 anos, vivi deslumbrada com a cozinha francesa. É natural. Convivia muito com franceses, mas apercebi-me de que comer, para eles, não era apenas cumprir uma necessidade fundamental à vida, mas também um acto de cultura. O que vinha para a mesa era objecto de apreciação reflectida e, por vezes de acesa discussão. Até aí, eu nunca tinha reparado que a Açorda à Alentejana era um prodígio de imaginação, que se fazia apenas numa comunidade, a alentejana, e comecei a orgulhar-me dessa diferença. Nós também tínhamos uma cultura culinária.

É-me frequentemente perguntado de onde me veio esta paixão. A resposta, possivelmente já a conhecem de tantas vezes feita e respondida: fui obrigada. Foram os portugueses que exigiram cozinha portuguesa na televisão.

Tentei mostrar o que conhecia bem da nossa cozinha tradicional, e julgava assim ter satisfeito o desejo dos meus espectadores. Puro engano. O que eu tinha mostrado nunca era assim que faziam a mãe, a tia, a prima que era excelente cozinheira, etc., e ensinavam-me como fazer. Desta atenta e generosa participação recebi perto de 50 receitas de ensopado de borrego. Para os meus informantes todos eram «o autêntico», «o único», «o melhor»!

Daqui parti para, através de um concurso, convidar os espectadores a enviarem-me as suas receitas. Recebi milhares, que durante 20 anos namorei, e que em parte publiquei em livro com as mais representativas de cada região. Escrevi muitas cartas e fiz muitos telefonemas a pedir pormenores desta ou de outra receita menos bem descrita. Continuo a fazer este exercício.

Passados estes 50 anos, vejo como vai sendo reduzido o número dos meus informantes. Daí a urgência de continuar esse trabalho, e a justificação do grito: *enquanto é tempo*.

Para o bem e para o mal, Portugal vive um momento de grande euforia gastronómica. Se é verdade que hoje, ao contrário do que acontecia há 50 anos, já é possível encontrar na restauração cozinha tradicional em todo o país, não é menos verdade de que o risco de desfiguração e perda se tornou superlativo.

Em nome da cozinha portuguesa e da sua defesa vêem-se nalguns grandes restaurantes verdadeiros atentados à nossa memória colectiva. Em seu nome, faz-se o que se faz em todo o mundo, sem o menor sinal do que em gastronomia nos diferencia.

Não pensem que têm pela frente a padeira de Aljubarrota da cozinha tradicional, inflexível a qualquer mudança. Apenas se pede que separem as águas — a chamada cozinha de autor não tem memória, é por regra, irrepetível. A tradicional é factor de identificação de uma região, de um grupo, de um país, e quer-se bem copiada.

As receitas que lhe dou no fim desta crónica são exemplo de que o barato pode ser muito bom. Há quanto tempo não come língua de vaca? Não são proteínas tenras e macias o que procuramos na carne do lombo e porque não, na língua de vaca? Há que fazer contas: — por 100 g, 27 g para o bife e 24 g para a língua. 1 kg de língua custa €4,80?, o mesmo peso de lombo €20,40?

1 língua de vaca pode pesar até 2 quilos, 1 língua de vitela ou de novilho de 600 a 900 gramas, de porco 350 gramas e a de carneiro 250 gramas.

As receitas para cozinhar língua desapareceram dos actuais livros de cozinha portugueses. Podemos porém encontrá-las nos livros de alguns grandes *Chefs*. Bocuse, por exemplo, dá-nos uma bela dica: pôr a língua de molho em água fria de 2 a 3 horas, depois fervê-la 20 minutos em água, escorrer, pelar e esfregar sal grosso. Deixar assim 24 horas. Depois de passada por água, a língua está pronta para a receita escolhida.

Atenção: dada a pouca procura no passado recente, nalguns talhos, a língua tem que ser encomendada. A espera compensa porque vem já sem a arreigada, limpinha e, como preparação, é só pelar.

Língua de Fricassé

Coloca-se 1 língua de vitela numa panela, cobre-se com água fria, juntam-se-lhe 1 cebola, 1 cravinho e 6 grãos de pimenta preta. Leva-se a ferver 20 minutos. Deixa-se arrefecer um pouco e pela-se começando pela ponta.

Para uma caçarola deitam-se 3 colheres de sopa de manteiga ou de azeite, 2 dentes de alho esborrachados. Assim que a cebola começar a alourar, juntam-se-lhe 2 cenouras em palitos, 1 ramo de salsa, 1 folha de louro, 6 grãos de pimenta e ½ copo de vinho branco. Deixa-se levantar fervura e introduz-se a língua. Tapa-se e deixa-se cozer suavemente até a língua estar macia. Retira-se e corta-se em fatias mantendo-a quente.

Côa-se o molho e, se necessário, junta-se-lhe um pouco de caldo ou de água quente e deixa-se levantar fervura.

À parte, dissolvem-se 2 gemas num pouco do caldo e no sumo de ½ limão. Junta-se uma boa porção de salsa picada e adiciona-se tudo ao molho. Aquece-se bem, sem ferver, e introduzem-se as fatias de língua no molho.

Come-se bem quente acompanhado de puré de batata e uma salada de legumes crus.

Nota: Utilizando a panela de pressão, reduz-se o tempo de cozedura a ⅓ e não se acrescenta líquido ao molho.

Fatias da China

24 gemas; 1 kg de açúcar; 1 lt de água

Foi com estes ingredientes que, em Tomar, umas diligentes senhoras me ensinaram a fazer aquele que considero um dos mais prodigiosos exemplos da nossa doçaria conventual. Há quem teime em lhes chamar Fatias de Tomar, o que não me repugna. É em Tomar que ainda hoje se vende o tão delicioso como misterioso doce. É lá também que, embora com dificuldade, se pode adquirir a forma que mais lhe convém, para o cozer e enformar.

As Fatias da China eram há 50 anos chamariz naquela que foi a percursora das lojas *gourmet*, o Martins e Costa, na Rua do Carmo. Tinham-nas sempre expostas à porta, banhando num mar de calda de açúcar. Resistir-lhes era um verdadeiro suplício.

Quando lhes chamo doce misterioso, confesso a minha estranheza de então, e a de todos a quem é alheia a maneira de o confeccionar. Jurava-se que levava pão. Mas que pão? É de facto difícil imaginar que aquela fofa e apetitosa almofada amarela «o pão» resultasse apenas de gemas de ovos ferozmente, dizia-se, batidas com a colher de pau.

Se é um conservador inveterado bata as 24 gemas, com a colher de pau durante 1 hora. Se para si tradição rima com evolução, bata as gemas na máquina durante 20 minutos. Deite o açúcar num tacho baixo, regue-o com o litro de água e deixe assim durante o tempo em que se batem as gemas transformando-as numa etérea espuma quase branca.

Deite água na «panela» especial para cozer Fatias da China, ou num tabuleiro, até dois terços da sua altura, e ponha ao lume. Unte generosamente com manteiga a forma onde as gemas cozerão. Deite as gemas batidas na forma, introduza esta na panela e tape hermeticamente. Certifique-se de que não entrou água nas gemas e que ao ferver esta não terá hipótese de o fazer. Deixe cozer uma hora, em fervura branda, verificando e rectificando o nível da água.

Passada a hora de cozedura, retire a forma do banho-maria, aguarde 10 minutos, desenforme o «pão» — é este o nome que é dado àquela tão macia quanto fofa almofada — sobre uma tábua e corte-o em fatias verticais com um dedo de espessura. Neste espaço de tempo a calda de açúcar deve ter a temperatura de 102 °C, ou seja, um ponto baixo. Introduzem-se as fatias, uma a uma, nesta calda, sempre a ferver suavemente, virando-as para as embeber bem de calda.

À medida que as fatias vão ensopando, a calda vai reduzindo e espessando, pelo que é absolutamente necessário ir acrescentando água fria.

Depois de sobrepostas numa travessa regam-se as fatias com a calda restante. Esta calda dever ter uma consistência muito leve. Sendo necessário, dilui-se com um pouco de água.

Se foi em Tomar que as aprendi a fazer, porquê negar-lhe a naturalidade da bela cidade do Nabão?

Nota: Se não tiver a forma especial para cozer as Fatias de Tomar, sirva-se de uma forma rectangular. Se tiver uma tampa que a feche hermeticamente, tanto melhor. Se não, cubra a forma com folha de alumínio e ate esta à forma com uma guita bem forte. A ideia é não deixar entrar nem água nem vapor nas gemas.

SABORES E ODORES
DA MINHA INFÂNCIA

A qualquer hora do dia, ou a acompanhar a refeição, uma fatia de bom pão vem a propósito na nossa maneira de comer.

Mas o papel do pão não se resume a ser o suporte de outros alimentos. O pão é também um excelente ingrediente na nossa cozinha tradicional, desde há séculos.

De centeio, milho ou trigo, de Trás-os-Montes ao Algarve, encontramos excelentes pratos tradicionais em que o pão tem o papel principal.

Lembro aqui em especial que com pão se faz um dos grandes pratos da cozinha portuguesa — a Açorda de Espargos Bravos de Trás-os-Montes.

Mas é no Alentejo, que uma muito gabada e original cozinha deve a fama ao seu tão especial pão de trigo. Pode dizer-se, sem exagero, que o pão está em todos os pratos da cozinha alentejana. E isto, desde há séculos.

Estou convencida de que o relato que vou fazer do que comi em criança e me fez crescer, não será muito diferente daquele que qualquer leitor faria se para isso fosse solicitado. Ao relembrar o que me manteve a vida, receio fazer correr dos olhos dos leitores algumas inesperadas, mas suaves lágrimas. Digo suaves porque são recordações que envolvem sentimentos, carinhos e boas lembranças que a nossa memória, por mais fragilizada que se encontre, não apaga.

Quem não se lembra dos sabores e dos cheiros da sua infância? O cheiro que inundava a casa no dia de fazer a perfumada Marmelada? Do ferro quente a queimar o mais suave Leite-creme? Do cheiro da canela que bordava amorosamente o Arroz-doce, com ovos ou sem eles, cremoso para uns e seco para outros. Dos Biscoitos de Azeite e do Bolo de Mel e Azeite, crescendo no forno até empurrar a porta. E a gemada com vinho abafado, preparada com tanto amor e convicção na época de exames?

Quem não se lembra do travo do vinagre que, em parceria com o coentro, torna a Sopa de Cação inolvidável quem pode esquecer o murmurar das Filhós, dos Sonhos e dos Brinhóis a ferver no azeite? E as sopas? A Canja quente, remédio e consolo de sarampos, varicelas e outras pequenas moléstias? Só quem nunca provou a Sopa de Beldroegas, enriquecida com os nossos queijinhos de ovelha refastelados nas sopas do magnífico pão alentejano e adubada com o nosso suave azeite, não morre de saudades por ela!

Ao lembrar os excelentes comeres do Alentejo, a primeira coisa que vem à memória é a Açorda. A que por ignorância em todo o País chamam «sopa alentejana». Ora a cozinha alentejana, a sua grandeza, vem-lhe justamente das suas inúmeras sopas. A Açorda, essa, por ser tão especial e presente, é a que mais lembra.

Quando entre alentejanos falamos de Açorda, não precisamos de dizer mais nada. Todos sabemos do que se trata. Sopas (em fatias ou cunhas) de verdadeiro pão alentejano, escaldadas com um caldo que rescende a coentro, a alho e a azeite e que, apesar do forte escaldão, não devem desfazer-se até que a última «sopa» satisfaça o mais arrojado e lhe dê o ámen.

É comida de ricos e de pobres, e perde-se a conta ao número de versões com que se apresenta, sem perder a matriz.

Imaginemos um grupo de alentejanos à conversa. Em dada altura há um que diz «abalar» porque tem a açordinha à espera. Todos sabem o que o nosso amigo vai comer, mas há um que por curiosidade o interpela: mas ó compadre, de que é a sua açorda? Eu sei cá, a mulher fá-la de tantas maneiras...

Aquele especial e forte aroma vem-lhe principalmente do «piso» bem esmagado no almofariz, em pasta, que é por onde tudo começa: alho pisado com sal grosso, coentros, muitos, ou de poejos, ou de uma mistura dos dois e, no tempo dele, uma tira de pimento verde não lhe vai nada mal.

Deitado o piso na tigela ou na terrina, é regado com o doce azeite alentejano. É a ele que a açorda deve aqueles lindos olhos amarelos que exibirá à tona do seu caldo.

O caldo, embora pareça, não é sempre igual: há quem o faça só com água simples a ferver, realçando o aroma das ervas do piso. Com uma posta de bacalhau cozida em água simples, faz-se um caldo rescendente para toda a família. O gadídeo cozido será esfarrapado em lascas que, na travessa, farão boa companhia aos ovos escalfados ou cozidos. Neste caso, temos a açorda de bacalhau. Para abrilhantar a festa não se esqueça de pôr na mesa as azeitoninhas, quer britadas, quer retalhadas, tanto faz, mas sempre com lugar cativo na mesa alentejana.

Em casa, geralmente acompanha-se de ovos escalfados, um por pessoa, mas se for para levar para o campo, já são cozidos. Se houver quatro bocas e só dois ovos, desfazem-se no caldo e passa a dar para quatro. A Açorda, como em geral a cozinha alentejana, a mesma comida é comida tanto para ricos como para pobres. Lá vai o tempo em que no «baile dos ricos», a meio do serão se servia uma cheirosa e imponente Açorda, revigorando os bailarinos até de manhã.

E agora o principal: as sopas. Sabe o leitor de que falo? É o pão já cortado antes de se encontrar com o caldo, e só podem ser do reputado pão alentejano. No pão não faz a açorda qualquer concessão. Já no corte, bem seco, pode ser em cunha, ou em cubos ou ainda em beliscos. Umas entram de boa vontade no caldo a ferver, já outras preferem ser por ele escaldadas.

Já perdi a conta às açordas que aqui fizemos, todas diferentes mas todas iguais. Mas não é tudo: lembro-me de ter comido uma bela Açorda de Espinafres e outra de Amêijoas.

E agora, para acabar, com a certeza de ter omitido alguma boa Açorda, feita sempre com o maravilhoso pão alentejano, pergunto-lhes: são capazes de imaginar um trabalhador alentejano, a acompanhar a sua açordinha com figos ou com um belo cacho de uvas? Até parece cozinha da moda, «cozinha de autor». Mas não é, é tradicional alentejano. Não é de agora, sempre se fez, diz-se que desde que os árabes por lá passaram.

Estes alentejanos têm cá uma imaginação!!!

A SOPA, OU O TRIUNFO
DAS VIRTUDES

Não hesitarei em considerar sensato quem disser que a sopa — o caldo mais ou menos espesso que é produto da decocção de certos alimentos, seja carne, legumes ou peixe — é o melhor, o mais eficaz e o mais saudável dos aperitivos. A sopa é justamente o elemento a partir do qual evoluem os pratos de uma refeição: é a primeira sensação de bem-estar à mesa, o que prepara o organismo para o que vem a seguir. É vulgar deixá-la destapada a arrefecer, às vezes horas, e então transferi-la para uma caixa, onde vai ser guardada no frigorífico. Depois surgem as surpresas desagradáveis: uma sopa recente azedou! Porquê? Enquanto esteve a arrefecer destapada, ficou exposta às bactérias do ambiente que assim encontraram alimento e temperatura apropriados à sua multiplicação. Quando foi guardada no frigorífico já ia «carregada» de bactérias que aí continuaram o seu trabalho!

Qual deve ser então o procedimento correcto? A sopa transfere-se, ainda a ferver, para uma caixa sem riscos nem fissuras e impecavelmente lavada. Tapa-se imediatamente e, depois de arrefecer, guarda-se no frigorífico. Quando se quiser servir, retira-se com uma concha bem lavada, apenas a quantidade que se vai consumir, e aquece-se. Se for para crianças, o melhor é congelar a sopa em doses individuais que se descongelam na hora de servir.

Nem sempre a sopa foi considerada indispensável à refeição: não por ser desdenhada, mas por ser desconhecida. Se volvermos os olhos para as antigas Grécia e Roma e se nos fosse dado ler uma ementa de um banquete dessas épocas constataríamos que a sopa não fazia parte dela. Já o mesmo não sucedeu porém mais tarde, na idade média, embora nessa altura se desse o nome de sopa a todos os alimentos que não eram assados, mas sim cozidos numa panela. No século XVII, parece que Luís XIV, o Rei Sol, comia a sopa com as mãos, tão espessa que era, e divertia-se a atirar os pedaços sólidos a quem assistia à refeição.

A carne, o peixe ou os legumes eram cozidos numa grande quantidade de água, vinho, vinagre ou leite e depois apresentados sobre fatias de pão — a que então se chamavam «sopas». Ainda hoje, aliás, nós chamamos «sopas» aos líquidos (vinho, leite, etc.) em que se embebem fatias de pão. A própria Açorda Alentejana não deixa de ser também uma variedade de sopa. Perguntem a um alentejano como é que ele põe na mesa o doce e perfumado Guisado de Ervilhas com Ovos. Primeiro, forra-se o prato com as sopas (fatias de pão) e depois deitam-se-lhe por cima as ervilhinhas e os ovos. O que é o Torricado ribatejano senão uma grande sopa esfregada com alho, sabiamente rachada e regada com azeite que o calor do lume de chão abre como se estivesse a rir?

A sopa foi um passo de gigante na evolução da culinária. Se a cheirosa Sopa de Couve é o jantar do homem do campo, o *Consommé* perfumado com Porto é o prelúdio da refeição gastronomicamente erudita. No Inverno, a sopa quente, como o Caldo-verde ou a Sopa do Lavrador, cozinhada no pote, à lareira e feita com tudo o que a horta dá, mais o naco de toucinho fumado nos dias de maior abastança aquece e reconforta, no Verão o Gaspacho ou a *Vichyssoise* refrescam.

Diz quem sabe que a sopa é revigorante, digestiva, nutritiva, permite variar os sabores ao infinito e, dizem, não só não faz engordar, como ajuda a emagrecer alegre e correctamente. E, ao invés do que se possa pensar, *a sopa não tem de ser um caldinho deslavado*: uma nutricionista que consultei aconselhou-me o seguinte: água, bastante, um fio de azeite, muitos e variados legumes aos bocados, ervas aromáticas e um grão de sal; deixar cozer, tapado, até os legumes deixarem de saber a cru, ficando crocantes. Mas o que faz desta generosa e óptima sopa um bom aliado da saciedade e do prazer está já no prato: 30 g de frango ou de qualquer outra carne magra cozida e desfiada e, espantem-se, 2 colheres de sopa de feijão ou grão cozidos.

Cheia de vitaminas, de sais minerais e de fibras, a sopa pode fazer parte de dietas de emagrecimento desde que os legumes sejam comidos em pedaços. Enche o estômago e sacia mais rapidamente. Tem ainda a vantagem de dinamizar o trânsito intestinal em virtude do seu teor em fibras. A água que é utilizada para o caldo é um bom hidratante corporal. A sopa não leva nem mais nem menos tempo a preparar do que outro prato qualquer. E, por fim, a sopa cheirosa, além do mais, transmite a toda a casa um cheiro a família, a aconchego, como nenhum outro prato consegue fazer. Que outra imagem simboliza melhor a família do que uma mulher a distribuir de uma terrina fumegante uma concha de sopa a cada familiar?

Das nossas sopas tradicionais é-me difícil escolher uma, mas não resisto a falar aqui da surpresa que me causou a que considero a mais espantosa das sopas portuguesas. Refiro-me ao Pastel de Molho da Covilhã. Não me enganei, é este mesmo o nome de uma sopa. Imagine-se um grande pastel de massa folhada a abrir como uma flor num caldo transparente e amarelo, perfumado com açafrão! Sou ainda capaz de distinguir três das nossas tradicionais sopas: o espantoso e reconfortante Caldo-verde, a Canja de Galinha perfumada com hortelã e a Açorda à Alentejana na sua mais simples versão, aromatizada com coentros ou poejos.

A sopa abarca todo um universo de diferentes técnicas de preparação e confecção, em que se poderiam distinguir os caldos claros, *consommés* clarificados e servidos apenas com uma ligeira guarnição; os caldos ligados, de que fazem parte os caldos de peixe, carne ou legumes, que não contendo qualquer elemento sólido são ligeiramente engrossados com fécula, gemas de ovos ou natas; os cremes, assim chamados sobretudo pelas características cremosas da sua consistência; os purés, sopas um tanto espessas que, devido às féculas dos alimentos nelas contidos, têm de ser passadas ou batidas, e os *veloutés*, mais raramente usados na cozinha doméstica, pois a sua preparação é bastante longa e exige técnicas mais complexas.

Pois bem, pelo que ficou dito e pelo muito que fica por dizer, a sopa está longe de ser o prato aborrecido que, talvez por um preconceito inconscientemente enraizado no seu espírito, as crianças detestam e que os adultos muitas vezes se apressam a dispensar.

É EM SETEMBRO ...*

... que o feijão-verde de rua, aquele de que gosta-mos e sempre considerámos o melhor, está no apogeu da sua curta estação;... que está na hora de fazer o doce de tomate. Este ano até o carnudo «coração de boi» parece oferecer-se para passar o Inverno connosco;... Em que nas noites mais frescas uma sopa quente come-ça a apetecer. De peixe, claro!

Comecemos pelo feijão-verde de que temos muitas saudades. Estou evidentemente a excluir aquele largo e achatado de que dispomos todo o ano e que não se dá com o sol. Saudades temos, sim, mas daquele a que chamamos «de rua». O seu sabor delicado é inconfun-dível! Lembro-lhe que é o quase redondo, estala ao partir, tem a pele verde-esmeralda, por vezes aveluda-da, outras, ligeiramente cerosa e brilhante.

Como todo e qualquer feijão, pertence à enorme e abençoada família das leguminosas que nos chegaram do novo mundo e com quem partilha a história. Parece que na Europa começou por ser usado como trepadeira com fins decorativos e que terão sido os italianos os primeiros a experimentar o sabor das vagens colhidas ainda verdes e sem o grão formado. Que rica ideia! Verdade seja dita também que aos italianos se devem as variadíssimas metamorfoses de que o feijão-verde tem sido objecto e por nós usufruído. Hoje podemos vê--lo de várias cores: amarelo, branco, verde com riscas avinhadas, e sempre a merecer elogios. Não me custa aceitar vê-lo um dia azulão e comê-lo com gosto.

É dos raros vegetais que nunca se come cru, é sempre cozinhado. Mas engana-se quem pensar que o feijão-verde é pouco exigente na cozinha. Há quem se gabe de ter boas papilas e afirme que metê-lo num molho é uma traição ao seu bom sabor e consistência. Claro que por estas papilas nunca passou o maravilhoso feijão-verde com tomate como o fazemos no Alentejo.

Se não se come cru, comecemos então por cozê-lo, cedendo a todas as suas exigências.

Introduza-se num recipiente grande com água abundante temperada com sal e a ferver fortemente. Não tapar o recipiente. O tempo de cozedura depende da espessura e frescura do feijão. Tem que ficar ainda mais verde do que em cru, e estaladiço. Como tratamento prévio, os portugueses têm que perder o mau hábito de o «descascar», tirando-lhe uma fatia de cada lado. Bem fresco e jovem este feijão-verde tem apenas um fio: quebra-se a ponta e puxa-se o fio do lado da nervura; sendo absolutamente necessário, faz-se o mesmo do outro lado.

Estou a vê-los perguntar-me: e como é que se mantém verde depois de cozido?

Depois de cozido como indicado e no ponto, isto é, sem saber a cru mas bem estaladiço, escorre-se e mergulha-se imediatamente em água gelada. Escorre-se depois de bem frio, enxuga-se com um pano ou papel absorvente e preserva-se da luz, cobrindo-o. Para aquecer, rega-se com um jacto de água a ferver, ou, se for para acompanhar uma carne assada, por exemplo, salteia-se rapidamente com um pouco de manteiga. Para comer frio, o feijão-verde contenta-se com uma vinagreta mais ou menos elaborada.

Mas não nos limitemos apenas a duas hipóteses para usufruir de um alimento tão especial. Não somos nós os melhores a fazer com o feijão-verde os sempre apreciados Peixinhos da Horta? E a nossa Jardineira, e a Sopa de Feijão-verde perfumada com a segurelha de Verão, tão ao nosso gosto! Claro que não me estou a esquecer do já aqui lembrado Feijão-verde com Tomate, que, acrescentado de um ovo escalfado, se transforma numa refeição. Mas há mais.

Gostava que experimentasse duas receitas que talvez não conheça. A primeira é uma salada em que ao feijão-verde vou juntar um outro alimento porque tenho paixão: cogumelos. Esses mesmos, aqueles a que chamamos *champinhons*, aportuguesando o primeiro nome que lhe foi dado pelos seus progenitores, os franceses. A receita:

Salada de Feijão-verde com Cogumelos

(a comer fria)

400 g de feijão-verde; 250 de *champinhons* muito frescos ; ½ limão; 1 ovo cozido; 2 colheres de sopa de salsa picada; 1 dl de vinagreta (5 colheres de sopa de azeite virgem extra, 2 colheres de sopa de vinagre, 1 colher de chá de mostarda de Dijon, sal e pimenta preta do moinho).

Coza e enxugue o feijão-verde como se disse; retire a base aos *champinhons* (mas conservando o pé), corte-os em fatias finas e regue com o sumo de limão. Pique separadamente o ovo e a salsa; prepare a vinagreta.

Na altura de servir, misture na saladeira o feijão--verde, os *champinhons* e a salsa. Agite bem a vinagreta e deite sobre a salada. Polvilhe com o ovo cozido e picado. Sirva imediatamente.

Nota: Eu, para esta salada, gosto de substituir metade do vinagre de vinho por vinagre de framboesa. Não custa experimentar.

Imagine-se agora a ter que fazer um acompanhamento para um lombo de porco assado que, por mais
artifícios que use, continua a não lhe saber ao que quer
que seja. O puré de maçã costuma ser uma boa ajuda
neste caso. Mas sempre? Experimente esta sugestão,
que dá pelo nome de:

Feijão-verde
à Camponesa

600 g de feijão-verde; 1 nabo grande; 2 cenouras;
2 cebolas; 1 talo de aipo (grande); 250 g de bacon magro;
3 boas colheres de sopa de manteiga; 1 colher de sopa de
hortelã e a mesma porção de salsa, picadas; sal e pimenta.

Coza e enxugue o feijão-verde como foi dito e reserve
tapado.

Prepare os legumes, corte-os em tirinhas e corte o
bacon do mesmo modo.

Deite a manteiga numa caçarola, deixe aquecer um
pouco e junte os legumes, excepto o feijão-verde. Tape
o recipiente hermeticamente e deixe estufar até todos os
legumes estarem bem macios. A meio da cozedura tempere com sal e pimenta. Junte o feijão-verde, o bacon, a
hortelã e a salsa picadas, misture e deixe apenas aquecer.
Sirva como acompanhamento de carnes.

Nota: Como sabe, para que esta guarnição se possa chamar *paysanne* (camponesa, em português) todos os legumes que a compõem devem pertencer ao grupo das raízes. Não quer experimentar substituir um dia as cenouras por pastinagas conhecidas entre nós, na Beira Baixa, por xerovias? Experimente, que a pastinaga, que poucos conhecem, tem um aroma único e os elogios serão todos para si.

Vejamos agora o que a ciência alimentar tem para nos dizer acerca do feijão-verde. É um alimento protector, a consumir em grandes quantidades no Inverno (teremos que nos contentar com o tal espalmado). Tem excelentes fibras, é uma boa fonte de vários sais minerais como potássio, ácido fólico, magnésio e alguns traços de cálcio e de zinco; vitaminas C e A. E agora, a cereja em cima do bolo: é pouco calórico. Por 100 g apenas 31 calorias.

E com esta me vou. Até à próxima.

*roubei o título desta conversa a uma tão linda como nostálgica canção de Gilbert Bécaud, «*C'est en Septembre*»: *les oliviers bassent les bras/ les raisins rougissent du nez....*

O ESPLENDOROSO ALHO

Se evita o alho por receio de prejudicar outros prazeres, não sabe o que perde nesta altura do ano: de meados de Junho até fins de Agosto, o alho novo, de pele branca, rosa ou riscada de vermelho, sem exagero, pode considerar-se uma maravilha da natureza. Não é como condimento, mas como legume, que o rejeita em quantidade? É francamente pena. É o seu forte aroma que incomoda? Mas é o mesmo que procura durante o ano para espevitar os mais anódinos dos seus cozinhados... conheço dois truques que resolvem o problema atrás referido, menor, diga-se, desde que todos tenham partilhado a mesma refeição. Depois de comer qualquer das sugestões que lhe vou fazer, trinque uns grãos de cardamomo ou de café. Resulta.

Sabe de cor tudo o que de bem disseram os médicos e poetas da antiguidade sobre o alho: desde afugentar vampiros, melgas e abelhas, ser anti-parasitário e anti-asmático, tirar a dor de dentes, estimular a digestão e ser afrodisíaco, o alho foi, e ainda o é, para alguns, a melhor das farmácias. Tanto quanto sei, nada disto está provado cientificamente, mas não custa nada aceitar, ou pelo menos não duvidar.

Também conhece a sua história:

Que já seria conhecido 500 anos antes da nossa era e que devemos aos árabes — que até o usavam nas mordeduras de serpentes — a conseguida parceria, que perdura, sem receio de ser desmentida, que tem com os nossos bacalhaus.

Vamos então aos trabalhos como dizia o mestre. Se está farto de comer, com gosto, nos restaurantes da moda, pato, ou outra coisa qualquer, com alho confitado e gostaria de o fazer em casa vou dizer-lhe como se faz.

Tome uma porção de alhos novos; pele-os — não tem que os desgerminar porque nesta altura do ano ainda não têm germe. Coloque os dentes de alho num recipiente com o fundo espesso, junte-lhes um ramo de cheiros onde o tomilho esteja presente e cubra-os largamente com um bom azeite virgem. Leve a lume brando e deixe aquecer, só até quase ao ponto de fervura, sem ultrapassar 95 °C. Quem pratica a arte da cozinha tem que ter um termómetro. Apague o lume sempre que o perigo da temperatura subir se apresente, e recomece. A partir de certa altura verifique se os alhos se deixam trespassar sem resistência e se apresentam ligeiramente dourados. Conseguir isto, leva o seu tempo. Deite os alhos num passador aproveitando o azeite que escorrer (vai deliciar-se com as vinagretas que vai fazer com ele). Agora é só comer e, sobrando, conserve em frascos com um pouco de azeite.

Comer como? Não lhe faltam receitas na sua biblioteca culinária para o aplicar, mas experimente torrar uma fatia de pão de 2.ª (de mistura) e barrá-la com um ou dois dentes de alho confitado. Se puder, polvilhe com sementes de funcho ou salpique com uns pingos de uma bebida anisada.

Há anos que faço para os meus amigos um frango que leva 40 dentes de alho e que, mesmo os que dizem odiar-lhe o aroma, não dão por ele: retire apenas aos alhos as túnicas exteriores nacaradas. Não os pele. Introduza 4 a 5 dentes de alho e uma haste de tomilho num frango temperado com sal e pimenta. Coloque o frango num recipiente que feche hermeticamente, contorne-o com os restantes dentes de alho, regue com azeite — pode ser do que serviu para confitar os alhos — tape hermeticamente e leve ao forno (brando) 1 hora. Acompanhe este frango com triângulos de pão torrado barrados com o puré que se espremerá dos dentes de alho. Os mais renitentes, vão adorar.

Nota: Esquecia-me de lhe recomendar que, se gosta tanto de alhos novos como eu, para lhes preservar a juventude, os deve conservar no frigorífico, no espaço reservado aos legumes.

L'aigo Boulido

Na Provença dizem que nada pode resistir a esta sopa: não há doença, mau génio, parto e convalescença, etc., que a dispense.

8 bons dentes de alho; 1 lt de água; 1 folha de louro; 1 haste de salva; 6 colheres de sopa de azeite; 8 fatias de pão de 2.ª ; 50 g de queijo ralado em fios; sal e pimenta do moinho.

Pele os alhos e deite-os numa panela com 1 lt de água. Leve ao lume e deixe ferver 10 minutos. Junte o louro, a salva e metade da porção do azeite e deixe ferver mais 5 minutos. Tempere com sal e pimenta, retire do lume e deixe de infusão.

Retire o louro e a salva do caldo e leve-o ao lume. Distribua as fatias de pão por quatro tigelas e espalhe por cima o queijo. Regue com o restante azeite e depois com o caldo a ferver.

Outra versão: prepare o caldo como se disse, recupere os alhos e reduza-os a puré. Junte a segunda metade do azeite a este puré como se estivesse a fazer maionese. Barre as fatias de pão com o preparado, distribua pelas tigelas e regue com o caldo. Neste caso não se usa o queijo.

TOMATE, UMA DELÍCIA ESTIVAL

De pele lisa, viva e brilhante, todo curvas sugestivas, o tomate, é o fruto/legume por excelência, e o mais cultivado e consumido no mundo inteiro nas suas múltiplas variedades. É surpreendente a sua constante renovação. Há sempre uma variedade nunca vista, encarnada, verde ou amarela, solta ou em cacho, redonda, em forma de coração ou de campainha, em cada ano, este filho do sol apresenta um novo disfarce. Não admira, por isso, que nenhum outro legume se preste como ele a tantas e variadas preparações. Come-se cru com prazer, em saladas e aperitivo, cozinhado em sopas, molhos, compotas e até como condimento. Quem já provou o tomate seco conservado em azeite e cheiroso a manjericão deve esse prazer ao privilégio de ter papilas.

Este presente, sem preço, foi-nos trazido da América Central aquando dos descobrimentos. Nós recebemo-lo de braços abertos, ao invés dos povos do norte, que, valorizando mais a sua folhagem e a má fama da família a que pertence, as *solanáceas*, o consideraram tóxico. Justiça, faça-se, aos italianos, que não só o adoptaram extremosamente, como dele tiraram e continuam a tirar o melhor partido. É a eles que se devem muitas das variedades de que hoje desfrutamos. O delicioso «chucha», ou roma, é uma invenção italiana, assim como o é também a versão do tomate em campainhas amarelas suspensas, como se de um cacho de uvas se tratasse; e como se uma variedade nova não bastasse, na mesma estação surgiu também em versão cereja alongada, muito doce, a convidar-se ao aperitivo. A experimentar sem demora, em salada, o tomate kumato — verde-escuro acastanhado, de pequeno calibre, doce, que se vende nos supermercados.

As melhores variedades são as cultivadas ao ar livre. E ainda não falámos no melhor de todos, o «coração de boi». Se tiver namorado com o Douro, então, peço-lhe que se levante, pois está perante a realeza e o orgulho do hortelão: «o tomate coração de boi do Douro».

Qualquer que seja a variedade, deve comprar-se firme, com a pele esticada, a cor pronunciada e o pedúnculo bem verde. Para lhe retirar a pele (lamentavelmente um pouco dura) dá-se um golpe em cruz no polo oposto ao pedúnculo e mergulha-se em água a ferver por uns segundos; passa-se rapidamente por água fria corrente e puxa-se a pele começando pelos golpes. Para o cortar com a pele, em gomos ou em rodelas, use sempre uma faca de serrilha.

Uma receita da moda: Tomate «Confitado».

Corte tomate carnudo (o chamado maçã) em gomos e coloque-os num tabuleiro; regue com azeite, polvilhe com flor de sal e espalhe por cima algumas hastes de tomilho ou de manjericão. Cubra com folha de alumínio e leve a forno muito brando (120 °C) durante 3 a 4 horas ou até o tomate se apresentar enxuto, mas não seco. Conserve no frigorífico coberto de azeite. Aplique, entre muitas outras coisas, em tartes, em sanduíches de queijo fresco, ou maduro, mas amanteigado.

Uma vinagreta de tomate a usar em massa e arroz cozido, salada de pepino, etc.

8 tomates grandes e maduros; 5 dl de azeite virgem extra; 2,5 dl de bom vinagre de vinho tinto; 1 boa colher de sopa de mostarda de Dijon; 1 colher de chá de açúcar; sal e pimenta preta do moinho, a gosto. Bata tudo no copo misturador e passe por um passador de rede. Conserve no frigorífico por 5 dias.

Com estes trunfos na mão vai dar razão a quem disse que «no tempo do tomate não há más cozinheiras».

O ABENÇOADO GASPACHO

Alentejano, algarvio, andaluz ou estremenho, tanto faz, quando o calor aperta, nada melhor para matar a fome e a sede do que um refrescante gaspacho. Perdoem-me os que consideram «pouca coisa» as coisas que à comida se referem e que ouse aqui lembrar o que Cervantes pôs na boca de Sancho Pança a propósito do gaspacho; «...*más quiero hartarme de gazpachos que estar sujeto a la miséria de un médico impertinente que me mate de hambre*». Outro espanhol, este médico de renome universal e gastrónomo, Gregório Marañon, a quem devo os primeiros alertas para a importância da alimentação na saúde, descrevia o gaspacho como «uma sapientíssima combinação empírica de todos os princípios fundamentais para uma boa nutrição...». Gaspachos, disse bem o dedicado escudeiro, porque há muitos e diferentes gaspachos, quase tantos como casas em que se come em toda a península. O de Évora, que é diferente do que se faz em Beja, também é diferente do de Monforte e este do de Reguengos de Monsaraz, ali ao lado. Têm em comum o uso do pão, do azeite, do alho e do vinagre e o comerem-se frescos. Já quando se atravessa a fronteira a coisa parece complicar-se, e de que maneira!: desde o gaspacho quente, ao branco que leva feijão, com sumo de laranja ou bocados de maçã, a acreditar em Miguel Salcedo Hierro no seu estudo *La Cocina Andaluza*, há de tudo. Confrontada com esta diversidade, a minha mais experiente informante em cozinha espanhola, ficou longe de se espantar, pelo contrário, diz que se trata de um estudo muito interessante e que tudo ali faz sentido.

A propósito de uma receita de Monforte, em que o gaspacho se faz apenas com pão, alho, azeite, vinagre e água, escrevi admitir ser aquele o antepassado do actual gaspacho, velho de séculos, e arrisquei ser anterior à descoberta da América, pela ausência do tomate e do pimento. Ora, nas receitas da Andaluzia que mostrei à minha informante, a que melhor a surpreendeu foi um gaspacho com base numa pasta de amêndoas esmagadas com alho, sal, pão demolhado, azeite e vinagre diluída em água fresca. Fiquei a saber que este «piso» com amêndoas é muito habitual e caro aos espanhóis.

Confesso que, para mim, o melhor dos gaspachos é o que actualmente usa o nome de *Andaluz* e que, admito, seja o resultado de simplificações e ajustes nutricionais e gastronómicos ao longo do tempo, e que faço assim:

Lavo e corto em bocados 1,5 kg de tomate maduro; junto-lhe ½ pimento verde cortado em bocadinhos e ½ pepino — descascado, se quer o gaspacho vermelho puro, com alguma casca, se precisa de uma ajuda para o digerir — 1 dente de alho; 1 colher de sal grosso e uma pitada de cominhos (mão leve, por favor). Misturo tudo numa tigela, deixo assim um bocado, e depois trituro tudo no copo misturador. A seguir passo o puré por um passador de rede e deito parte novamente no *mixer* lavado. Junto então 4 colheres de sopa de azeite virgem extra (eu dou preferência ao azeite norte alentejano) e 4 a 5 colheres de um bom vinagre português ou de Xerez. Misturo tudo e provo de sal. Nada de pimenta. Serve-se fresco, mas não gelado, e nunca com cubos de gelo. Sendo o tomate muito seco, de que poderá resultar um gaspacho muito espesso, admite-se a adição de água fresca. A acompanhar este gaspacho servem-se à parte os *tropezones*, isto é, quadradinhos de pão seco ou torrado, de pimento, de pepino, e cebola nova, esta muito finamente picada e, eventualmente, fatias finas de presunto ou de salpicão.

Quando o calor apertar, acredito que se vá lembrar deste gaspacho.

BOLAS E FOLARES TRANSMONTANOS

Quais embaixadores, os transmontanos presunto, vitela barrosã, alheira e a famosa bola ou folar de carnes atravessaram o Marão para se imporem na Páscoa portuguesa, de norte a sul, e acertar negócios em prol da sua abençoada terra. A bola ou folar, como quiserem, acima do Marão festeja o santo padroeiro de toda e qualquer aldeia, mas é na Páscoa que atinge carácter obrigatório em todo o território transmontano. Não é fácil, se não impossível, estabelecer uma fronteira entre bola e folar. Nem isso é importante. Dizem uns que se leva ovos até ficar amarelo, é folar; contestam outros que a ausência dos ovos não os obriga à designação de bola. Podem chamar-lhe folar, se isso for uso da terra.

É geralmente grande, como tudo em Trás-os-Montes. Pode ser redondo, rectangular, oval, baixo ou alto, mas, para poder apelidar-se de transmontano tem de ter crescido com a ajuda do chamado fermento de padeiro. O recheio varia muito, conforme as posses e a etnografia. Pode levar galinha, coelho ou bifinhos de vitela, etc. O que não pode faltar é o presunto que se apresenta geralmente acompanhado de salpicão. Das bolas ou folares transmontanos, o meu preferido é alto e leva muitos ovos: é o Folar de Valpaços; já nos baixinhos, sem ovos mas com muita cebola e salsa ripada, vou pelo do Barroso.

Começo por lhes mostrar o que tem a minha preferência, *ex-líbris* de Valpaços, que, com ou sem razão,
desde há uns tempos passou a ser designada Valpaços,
a Terra do Folar. Muito bem.

Folar de Valpaços

1 kg de farinha; 30 g de fermento de padeiro; 12 ovos médios; 125 g de manteiga; 125 g de banha; 1 dl de azeite virgem extra; 1 colher de sopa de sal; 1 frango estufado; 200 g de presunto gordo; 150 g de salpicão; 1 chouriço de carne; 1 bom ramo de salsa; 1 gema; pimenta.

Peneire a farinha para um alguidar e faça uma cova no meio. Deite aí o fermento dissolvido num pouco de água apenas morna (1,5 dl). Se estiver muito frio, passe os ovos por água morna e junte-os à farinha misturando-os em círculo. Aqueça as gorduras, sem as deixar ferver, e deite-as sobre a farinha. Comece então a misturar tudo, amassando, ao mesmo tempo que vai juntando, a pouco e pouco, água morna onde dissolveu o sal. A massa deve ser trabalhada e batida até fazer bolhas. Molde-a em bola, polvilhe-a com um pouco de farinha e embrulhe-a num pano. Deixe levedar em local com temperatura moderada, nunca no forno, até que ao levantar um pouco de massa esta pareça uma renda.

Divida a massa em três partes, com uma delas forre um tabuleiro com 7 a 8 cm de altura e espalhe por cima metade da porção das carnes em bocados, sem se esquecer de as regar com um pouco do molho do frango. Cubra com a segunda parte de massa e espalhe sobre ela as restantes carnes e salsa ripada à mão. Finalmente cubra com a massa restante, torcendo-a nos bordos de modo a fechar o folar com uma espécie de cordão.

Ponha o folar a levedar até que à superfície apareçam umas bolhinhas. Pique a superfície do folar com um garfo e regue-o com um pouco de manteiga derretida. Depois, pincele com gema de ovo e leve a cozer em forno bem quente (220 °C) durante cerca de 45 minutos.

Bola de Carne

(Alto Barroso)

Comparada com a da receita anterior, esta bola pode parecer pobre. No Barroso, no entanto, é considerada rica por incluir bifinhos de vitela e só se fazer nas casas abastadas. A «outra», mesmo muito rica em ovos, «não vale a pena fazer, porque se vende em qualquer lado», dizem eles

1,5 kg de massa de pão; 300 g de bifinhos de vitela; 200 g de presunto; 1 chouriça; 1 salpicão; 2 cebolas; 1 ramo de salsa; sal e pimenta; manteiga; banha.

Tempere os bifinhos de vitela com sal e pimenta e frite-os num pouco de manteiga.

Divida a massa ao meio e forre com uma parte um tabuleiro grande; disponha por cima o presunto cortado em fatias finas, a chouriça e o salpicão cortados em rodelas, as cebolas fatiadas em rodelas finíssimas, a salsa esfarrapada à mão e os bifinhos de vitela.

Regue tudo com o molho da fritura dos bifinhos e cubra com a segunda parte de massa, fechando bem a junção.

Pique a bola toda com um garfo, espalhando por cima bocadinhos de manteiga ou de banha e leve a cozer em forno bem quente (220 °C).

Nota: Esta bola deve ficar baixa. A massa pode comprar-se já pronta em padarias ou supermercados e deve ser utilizada o mais próximo possível da compra.

Boa Páscoa, e regalem-se!

O *FOIE GRAS*
E OS PORTUGUESES

Estas duas palavras, *foie gras*, são ainda, para muitos portugueses, evocadoras das amorosas sanduíches da *Charcuterie Française* da Rua do Carmo. Era um ritual: antes de se aportar à Rua Garrett, à Marques ou à Bénard, onde para além do chá quente se tinha como certo haver apreciadores para as novas *toilettes*, passava-se «*chez Appetian*» e ali se colhia o prazer de saborear, sobre um pão impecável, uma deliciosa pasta a que era dado o nome de *foie gras*. Foi daí que nos veio o hábito generalizado, de chamar *foie gras* a qualquer *mousse* de fígado, de qualquer animal, mas em geral, de porco. Daí vem também o desapontamento dos que ao pedirem, hoje, *foie gras* num restaurante, se vêem perante uma fatia de um alimento cujos sabor e consistência lhes são completamente estranhos.

É um privilégio recente a possibilidade de comer em restaurantes portugueses, *foie gras* fresco cozinhado, servido como entrada ou prato principal. Para termos o *foie gras* do nosso imaginário seríamos informados de que nos serviriam ou *mousse* ou *paté* ou «terrina» ou «bloco» de *foie gras*.

O *foie gras* é o mais luxuoso dos alimentos e foi sempre assim considerado na sua história velha de milénios. Diz-se que, muito antes da nossa era, fazia a delícia de gregos e romanos e que os últimos já engordavam os gansos com figos a fim de obter fígados grandes e impecáveis. Hoje, à semelhança de outros alimentos, também se democratizou e a sua presença tanto pode acontecer num banquete luxuoso, como num romântico jantar a dois.

É um alimento francês, sujeito naquele país a regras rigorosas, tanto na criação dos animais que lhe estão na origem, como na elaboração dos produtos deles resultantes. Há outros países na Europa do Norte que o produzem, além de Israel.

Em França, segundo a associação de produtores de *foie gras*, este, é um produto saudável, proveniente de animais adultos, robustos e a vender saúde. Conforme a tradição, gansos e patos do sexo masculino, de raças seleccionadas, são mantidos em cativeiro (aviário) até às 4 ou 5 semanas de vida, postos em plena liberdade quando as penas são suficientemente densas para os proteger e, só a partir das 12 semanas e apenas durante 3, os palmípedes são sujeitos a uma alimentação especial, cuja receita, mantida em segredo, varia de produtor para produtor. É esta alimentação especial que vai garantir o fígado gordo e volumoso que se pretende e o único com direito a chamar-se *foie gras*.

O que nos chega, em princípio, é francês e pode ser de ganso ou de pato. As preferências dividem-se. O de ganso terá um sabor mais suave e sofisticado e o de pato, mais rústico, mas mais resistente ao cozinhado. Uma vez que agora já nos é possível adquiri-lo, algumas recomendações, fruto de experiências próprias e outras colhidas em fontes credíveis, parecem-me de útil transmissão: o peso ideal situa-se entre 500 a 700 gramas para o de ganso e entre 300 a 400 para o de pato. Deve apresentar-se firme mas flexível. Na impossibilidade de o apalpar, escolha-se sem manchas, não muito vermelho, antes a atirar para o bege. A passagem de algumas horas no frigorífico amplifica-lhe o sabor. Para o cortar, quer cru, quer em pasta, deve usar-se uma faca lisa, que será passada por água quente e enxuta antes de cortar cada fatia.

Quanto a sugestões para o cozinhar, devem procurar-se em livros franceses, antigos ou modernos. Escoffier recomenda que o *foie gras* fresco, seja apenas lardeado com trufas, temperado com um pouco de sal (hoje recomendaria a nossa flor de sal algarvia) e pimenta, e «puxado» na frigideira com um pouco de conhaque, embora o *foie gras* aprecie, e conste dos livros, os nossos vinhos Madeira e Porto. É frequente aparecer, e bem, acompanhado de frutos, como maçãs ou uvas. De excluir completamente salada como acompanhamento, mesmo que temperada com vinagre balsâmico. Pode comer-se frio ou quente, conforme a preparação.

Para preparações a servir frias, os pratos deverão estar bem frios e o *foie gras* será cortado e comido com o garfo, com ou sobre fatias de pão torrado e nunca com bolachas.

Finalmente, procure-se o *foie gras* «fresco» em lojas das chamadas delicadezas, onde pode apresentar-se embalado em vácuo, meio cozido em lata ou frasco de vidro e esterilizado, em conserva.

Se quer fazer o *foie gras* «fingido» na sua cozinha, experimente a «minha» receita e que, pela consistência, só tem direito a um vago nome de *paté*.

Paté de Fígados de Frango

350 g de fígados de frango; 1 colher de sopa de vinagre; 50 g de toucinho gordo; 1 colher de sopa de manteiga; 1 cebola; 1 ramo de cheiros (salsa, louro e tomilho); 2 colheres de sopa de aguardente velha; 150 g de manteiga; sal, pimenta preta (moída na altura); 1 colher de chá (rasa) de mistura de especiarias; 2 colheres de sopa de Vinho do Porto.

Prepare os fígados, libertando-os de peles e gorduras e ponha-os de molho em água fria com o vinagre. Pique o toucinho e leve-o a derreter com a manteiga sobre lume brando. Junte a cebola picada, deixe cozer um pouco e junte os fígados bem escorridos e o ramo de cheiros. Salteie sobre lume vivo de modo a que os fígados fiquem louros por fora mas rosados no interior. Regue com a aguardente e deixe evaporar, fervendo. Retire o ramo de cheiros e passe tudo o resto pelo *passe-vite* munido do crivo mais fino. Depois do preparado bem frio, adicione a manteiga previamente batida em creme e tempere com sal, pimenta e as especiarias. Finalmente, junte o Vinho do Porto, misture bem, batendo. Tome uma forma rectangular com um litro de capacidade, passe-a por água fria e deite-lhe dentro o preparado. Tape com película aderente e leve ao frigorífico onde deve permanecer pelo menos seis horas.

Nota: Para que o *paté* fique bem firme, deve-o ir calcando à medida que o introduz na forma. Pode cobri-lo, antes de o introduzir no frigorífico, ou com banha de muito boa qualidade ou com uma boa geleia de carne.

Acompanhe o *paté* com triângulos de pão torrado cortado muito fino, geleia ou doce de framboesa ou laranja, passados por um passador, nozes, e ou tomate-capucho *(physalis)*.

O *PÃOZINHO* QUE FAZ A DIFERENÇA

Se aproveitou a hora de almoço para ir ao ginásio, e ficou sem tempo para almoçar, a sanduíche é a solução para ter ao mesmo tempo uma refeição ligeira, equilibrada e até gastronómica.

A sanduíche tem por base o pão, alimento sacralizado, de que o homem se alimenta desde tempos imemoriais. Milhares de anos antes da nossa era já se conheciam os pães ázimos. Os egípcios foram, sem sombra de dúvida, os primeiros a utilizar o fermento no pão. Mas foram os gregos que melhor aproveitaram este conhecimento, desenvolvendo a cultura do pão, cozendo-o de várias formas e juntando-lhe outros ingredientes. É muito possível que os gregos tenham conhecido muitos dos pães de que hoje desfrutamos e consideramos novidade.

A sanduíche não tem que ser obrigatoriamente duas fatias de qualquer pão unidas por «qualquer coisa». Hoje temos à disposição uma tão grande variedade de pães que a dificuldade está na escolha. Não é fácil também definir o que é um bom pão. Começando pelos nossos: poderemos dizer que o pão de Mafra com os seus enormes alvéolos é superior ao compacto e saboroso pão alentejano? Digamos que, quer se use como cereal o trigo, o centeio ou até o milho, o pão tem que ter um ar apetitoso. Depois é escolher de entre a larga oferta em padarias, supermercados e até *boutiques* o que melhor se adapta a cada situação. Hoje, chegam-nos pães de todas as partes do mundo. A comprida *baguette* francesa, pães redondos mais ou menos volumosos, completamente planos e estaladiços, de que é exemplo o pão sueco, escuríssimos como o *pumpernickel* alemão, até aos que, para nos facilitar a vida, se abrem em bolsa como a *pita* grega. A acrescentar há ainda os de fantasia, enriquecidos com frutos e sementes. Todos se prestam à confecção de sanduíches quer familiares, quer até, ouso dizer, chiques.

Para a situação acima mencionada, será uma boa escolha um pãozinho redondo polvilhado com sementes de sésamo, ou de cominhos ou de papoila. Corte uma tampa ao pãozinho e retire-lhe o miolo; espalhe no fundo lascas de atum e acabe de o encher com rodelas de ovo cozido e de tomate bem escorrido (ou 3 tomates-cereja), lascas de pimento verde e uma ou duas azeitonas. Para mais sabor, uma folha de manjericão cortada em tirinhas, ou orégãos. Regue com um pouco de vinagreta com mostarda. Tape com a tampa do próprio pão e espete um palito na vertical trespassando o recheio. Agora é só embrulhar em película aderente, apertando bem e meter na malinha. Não arrisca? Então deite a vinagreta num frasquinho que feche bem e tempere na altura de comer.

Pouco original e muito visto o recheio? Veja então se lhe agrada mais qualquer das sugestões que pode encontrar nesta página. Todas respeitam o princípio de que ginásio sem uma alimentação correcta, não dá.

Pãozinho com Salmão e Queijo Fresco

Corte a parte superior (uma tampa) de um pãozinho redondo de centeio e esvazie-o do miolo. Bata 100 g de queijo fresco (com 20% de gordura) com 1 colher de sopa de cebolinho picado e tempere com sal, pimenta e rábano forte (*horseradisch*) ou mostarda forte. Revista o interior do pãozinho com uma folha de alface e encha-o com camadas alternadas de queijo e de tiras de salmão fumado (75 g no total). Cubra com nova folha de alface e tape com a «tampa» de pão retirada. Espete um palito no pão (na vertical) e embrulhe-o em película aderente.

Pãozinho Recheado com *Roquefort* e Nozes

Prepare um pãozinho redondo com passas como se diz na receita anterior. Bata 50 g de requeijão de vaca com 1 colher de sopa de leite e junte 30 g de queijo *Roquefort*, 30 g de nozes picadas e 2 rabanetes em rodelas. Deite dentro do pãozinho, tape e embrulhe-o em película aderente.

Pãozinho Recheado
com Abacate e Camarão

Tome um pãozinho redondo de mistura (ou fantasia), retire-lhe uma tampa e esvazie-o do miolo. Corte ½ abacate em fatias e regue-as com o sumo de ½ lima; coza 50 g de camarões (miolo) apenas 2 minutos; junte 1 colher de chá de *ketchup* e uma pitada de pimenta de Caiena e 2 colheres de maionese magra; corte uma folha de alface em juliana; pique grosseiramente 1 gomo de tomate seco. Encha o pãozinho com os ingredientes preparados, misturando-os e distribuindo a maionese equilibradamente. Tape o pão, segurando a tampa com um palito de madeira. Embrulhe em película aderente.

AS OPORTUNAS SALADAS

Leves e vitaminadas, as saladas, são as grandes cúmplices da forma física e as melhores aliadas nos dias em que cozinhar está longe de ser um prazer. Entram, com gosto, em qualquer momento da refeição: aciduladas e aperitivas como apetitosas entradas; compostas ou completas, podem representar o papel principal; simples e discretas, como acompanhamento, tornam apetecível o mais banal dos frangos assados. A composição decide o lugar que lhe é reservado na refeição, e conciliar o que parece inconciliável: dar prazer e respeitar a linha em harmonia. Harmonia rima com monotonia, mas, continuando a rima, em gastronomia, a harmonia como na música, resulta de contrastes. O efeito-surpresa é mais um aspecto a considerar. Fixados estes ambiciosos objectivos, cuidemos bem do molho, porque também ele os terá que cumprir.

Sem mais palavras exemplifiquemos aquilo a que chamarei salada harmoniosa do ponto de vista da estética do olhar e do sabor, leve, nutritiva, aperitiva e original:

Para 4 pessoas: ½ alface; 400 g de camarões cozidos e descascados; 2 toranjas; ½ pepino (cortado ao meio longitudinalmente e ao qual se retiraram as sementes) cortado em fatias finas (meias luas); 8 folhas de rúcula; 8 raminhos de erva-dos-canónigos. Para o molho: 100 g de queijo fresco batido; 1 dl de leite magro; o sumo de 1 lima; sal e pimenta; 4 folhas de manjericão.

Comece por forrar a saladeira com as folhas de uma alface adocicada (a chamada francesa, em repolho, serve). Separe os gomos da toranja pelos segmentos, faça isto já sobre a alface — o sumo que escorrer é um verdadeiro estímulo para as papilas; espalhe os gomos de toranja sobre a alface; faça o mesmo com as meias luas de pepino — não o ponha a escorrer com sal, na salada ele é um dos principais elementos do «crocante» e perder-se-ia com esse mau hábito português; se não conseguir rúcula, substitua-a por agriões, neles encontrará o picante que procurava na *eruca sativa,* o doce na erva-dos-canónigos terá a suavidade incomparável da erva que também responde pelo nome de «docinha». Quanto ao molho, misture tudo e tempere bem com sal e pimenta. Coloque-o em monte no centro da salada e finalize espalhando à superfície as folhas de manjericão cortadas à tesoura. Mexa a salada já na mesa.

Esta salada, reparou certamente, faz-se como um jogo, alternando texturas e paladares que parecem chocar-se, mas que ligados resultam numa saborosa harmonia. Que papel desempenharia na refeição? A de entrada, é claro. A partir desta, não é difícil fazer outras saladas seguindo o mesmo princípio: fiambre, frango desfiado ou caranguejo, substituindo os camarões; o pepino dando lugar a ananás fresco, papaia ou manga firmes, mas não verdes; a rúcula ao aipo branco cortado em fatias e o molho de queijo daria a vez a uma maionese aligeirada com sumo de laranja. Para fazer desta sugestão uma salada completa, bastava juntar-lhe arroz (carolino) ou massas (*linguine,* búzios ou *penne*) apenas cozidos em água temperada com sal.

Salada de Salmão

(para 4 pessoas)

Numa saladeira misture 200 g de salmão fumado cortado em tiras; 2 talos de aipo branco lavados, pelados e picados e as folhas de ½ chicória. Descasque, corte em cubos uma maçã *Granny Smith*, regue com sumo de limão e junte à mistura anterior. Coza (apenas 6 minutos a partir da retoma da fervura) e corte ao meio 2 ovos. À parte, misture 1 iogurte natural com o sumo de ½ limão, 2 colheres de sopa de azeite virgem extra, 1 colher de chá de rábano forte (*horseradish*) ou de mostarda forte. Tempere com sal e pimenta e deite sobre a salada. Enfeite com as metades dos ovos. Coma bem fresco.

Salada de Feijão Branco à Basca

(para 4 pessoas)

Escorra uma lata de feijão branco cozido, passe-o por água corrente e escorra bem, regue com 1 colher de azeite e 1 colher de vinagre e misture. Grelhe, pele e corte em tiras 1 pimento verde; lave e corte 2 tomates em gomos; coza 2 ovos e esmague um deles grosseiramente; pique igualmente 1 cebola nova e misture tudo. À parte misture 3 colheres de sopa de azeite virgem extra com 1 colher de sopa de vinagre de vinho tinto, 1 colher de chá de mostarda, sal e pimenta. Deite o molho sobre a salada, misture, polvilhe com salsa picada e enfeite com o segundo ovo em rodelas. Coma à temperatura ambiente.

Salada de Cenouras Novas com Laranja

(para 4 pessoas)

Escove, passe por água e rale 400 g de cenouras novas e deite na saladeira. Junte 1 cebola nova (ou doce) grosseiramente picada. Descasque e separe os gomos (com a faca) de 1 laranja grande, recuperando o sumo. À parte, dissolva 1 colher de chá rasa de sal fino no sumo de laranja e junte, misturando, 2 colheres de sopa de azeite virgem extra, 1 colher sopa de vinagre de cidra, uma pitada de pimenta de Caiena e outra de canela. Deite o molho sobre as cenouras, mexa e enfeite com os gomos de laranja.

Salada de Pepino com *Raita*

(para 4 pessoas)

Lave um pepino grande, retire-lhe a casca em tiras e corte-o ao meio. Com a ajuda de uma colher retire as sementes e corte a polpa em cubos. Polvilhe com sal grosso e ponha a escorrer. Corte 1 tomate grande em cubos e junte ao pepino. Deite numa taça e espalhe por cima 1 colher de sopa de cebola picada e igual porção de coentros ou de hortelã; à parte, misture 1 iogurte natural com 1 colher de café de cominhos em pó e tempere com sal. Deite sobre os legumes e conserve no frigorífico até à altura de se regalar.

IOGURTE, UM ALIADO NATURAL

Ao natural ou enriquecido com frutas, o iogurte, é desde meados do século xx, no Ocidente Europeu e na América, um dos símbolos da alimentação saudável e natural. «leite da vida eterna», é-lhe atribuída a longevidade de Abraão, a quem um anjo terá transmitido a receita, e que terá vivido 175 anos…

O elevado número de pastores búlgaros centenários, grandes consumidores de iogurte, serviu a Metchnikoff, assistente de Pasteur, para apoiar a sua tese de que era possível viver comendo apenas iogurte. Não duvidando do sábio, e apesar do grande apreço em que temos o iogurte, congratulamo-nos pela mais valia que trouxe à nossa alimentação, sem felizmente lhe termos concedido a exclusividade de nos alimentar saudavelmente.

O que tenho ouvido nos consultórios médicos é que, sem deixar de ser um alimento, o iogurte será nalguns casos anti-séptico; é possuidor de bons fermentos que destroem os maus micróbios do tubo digestivo; facilitará a digestão e terá uma acção ligeiramente laxativa; e que o seu consumo é recomendado como repositor da flora intestinal após um tratamento com antibióticos.

Consumido geralmente à merenda ou ao pequeno--almoço, o iogurte, à semelhança do que se passa nos países do Médio Oriente e principalmente na Índia, tem entre nós cada vez mais aplicações na cozinha. Desde a sobremesa a marinadas e molhos, o iogurte é o aliado por excelência da chamada cozinha ligeira, substituindo natas e gorduras, tanto sólidas como fluidas. Tem ainda a vantagem de ser económico, sobretudo quando preparado em casa, sem perder, antes pelo contrário, reforçando as suas tão apreciadas virtudes.

Vejamos como economizar, fazendo os nossos iogurtes, com a consciência de saber o que fazemos.

O que é um iogurte? É um leite coalhado pela acção de fermentos lácteos. Pode ser feito a partir de leite de vaca, de ovelha, de cabra, de búfala, de camela e até de égua. Ao leite são adicionados fermentos que convertem uma parte da lactose em ácido lácteo. Estes fermentos são duas bactérias, *lactobacillus bulgaricus* e *streptococus termophilus* cuja acção simultânea produz o ácido lácteo.

O leite deve ser completo (podem ainda juntar-se 2 colheres de leite em pó para 1 lt), para se obter um iogurte mais cremoso; ferve-se 2 minutos deixa-se arrefecer até 45-50 °C; juntar 1 ou ½ iogurte natural do comércio; mexer e deitar em boiões, ou outro recipiente, bem lavados e escaldados. Colocar na iogurteira ou, na sua falta, numa panela de pressão onde se ferveram 2 cm de água (que se rejeita); ou ainda colocar os boiões sobre a tábua de cozinha e tapar com um cobertor. Deixar fermentar de 6 a 8 horas. Quanto mais tempo, mais ácido será o iogurte. Introduzir no frigorífico.

Preparado em casa tem uma validade de 3 semanas, mas aconselhamos o seu consumo no prazo de 1 semana. Embora este iogurte possa ser utilizado para fazer nova porção, recomenda-se o uso de 1 novo iogurte do comércio.

Quanto ao iogurte grego, mais não é do que um iogurte a que foi retirado o máximo de soro.

Deixo-lhe aqui algumas sugestões para utilizar qualquer iogurte natural ou grego desde que não tenha aromas.

Sopa Refrescante de Pepino com Iogurte

Lave um pepino grande, corte algumas rodelas finas e reserve. Descasque o restante e reduza a puré no copo misturador com 2 dentes de alho, 10 folhas de hortelã fresca e 2 colheres de sopa de folhas de salsa. Passe o puré por um passador e misture-o com 5 iogurtes. Junte 2 colheres de sopa de sumo de limão ou de lima, tempere com sal e pimenta e leve ao frigorifico pelo tempo mínimo de 2 horas. Na altura de servir, junte as rodelas de pepino reservadas e mais algumas folhas de hortelã. Para mais rico, junte 2 colheres de sopa de nozes picadas e 1 colher de passas sem grainhas e ainda 1 colher de sopa de Vodka ou de Conhaque.

Vinagreta

1 iogurte; 1 colher de chá de sumo de limão; sal e pimenta e ervas picadas à vontade (salsa, hortelã, cebolinho). Misturar tudo e servir fresco.

Falsa Maionese

A 1 ovo cozido finamente picado, junte 1 colher de chá de sopa de mostarda de Dijon, 1 colher de sopa de azeite virgem extra, 1 colher de chá de sumo de limão (ou de vinagre), 2 iogurtes, sal, pimenta e, querendo, 2 pepinos de conserva picados e cebolinho ou salsa picados.

Molho de Iogurte com Hortelã e Alho

2 iogurtes; 2 dentes de alho; 1 chávena de folhas de mangericão; 2 colheres de café de pimenta da Jamaica em pó; sal e pimenta.

Esmague os dentes de alho, corte as folhas de manjericão em tiras deite no copo misturador, junte os iogurtes, as pimentas e o sal. Accione de modo a ter um preparado homogéneo. Conserve no frigorífico até à altura de utilizar.

Este molho é recomendado para acompanhar espetadas de borrego grelhadas e previamente marinadas em sumo de limão, azeite, cominhos e coentros em grão. Acompanhe com uma salada ou sirva como aperitivo.

Sobremesas Leves
e Deliciosas

Bata vigorosamente 4 iogurtes com 175 g de açúcar. Adicione 3 colheres de natas batidas, a raspa e o sumo de 2 limões pequenos. Leve ao congelador e assim que o creme prender, bata e volte a congelar nas cuvetes do congelador ou deite numa forma passada por água fria. Desenforme ou sirva moldado em bolas com puré de morangos ou de outro fruto.

Frango *Tandoori**

1 frango de 1,5 kg; 3 dentes de alho; 10 g de gengibre fresco ralado; 3 dl de iogurte natural; 1 colher de café de piripiri em pó; 2 colheres de café de paprica; 1 colher de sopa de sumo de limão; 1 colher de café de pimenta preta moída; sal.

Prepare o frango retirando-lhe as gorduras visíveis, corte-o em 8 bocados e dê uns golpes nos músculos mais espessos.

Pele os dentes de alho e o gengibre e esmague-os num almofariz. Junte a esta pasta o iogurte, o piripiri, a paprica, o sumo de limão e a pimenta. Misture bem. Coloque o frango num recipiente, barre-o e cubra-o com o preparado de iogurte e especiarias. Tape e leve ao frigorífico de um dia para o outro.

Aqueça o grelhador do forno ao rubro. Destape o frango e exponha-o ao calor durante cerca de 45 minutos, virando os bocados e barrando-os com a marinada de iogurte.

*a palavra *tandoori* designa uns fornos especiais indianos feitos de argila. Só pode ser aplicado a um prato se os alimentos tiverem sido anteriormente marinados.

O QUE TEM
A CURGETE?

Sim, pergunta-se: o que tem a curgete para, rapidamente, roubar à batata o lugar que até aqui tão bem desempenhou como um dos pilares da nossa alimentação? Até há tão pouco tempo uma desconhecida, a curgete conseguiu, sibilinamente, a proeza de se tornar um quebra-cabeças para os produtores de batata. A esta realidade não serão estranhos o gosto pelo novo, a facilidade na preparação, e, mais ainda, a moderação calórica.

A curgete é uma abóbora, portanto, um legume riquíssimo em água (cerca de 92% de água). Pertence a uma família que sempre apreciámos na composição de sopas de legumes. Como a batata, é uma excelente base para sopas quando reduzida a puré. Ora, a curgete, nesta situação, parece fazer isso muito melhor. O creme resultante duma curgete cozida e reduzida a puré é muito mais aveludado do que o da batata. Mas, sejamos francos, onde a curgete ganha verdadeiramente, nesta época de combate à obesidade, é na contagem das calorias.

Imagine só que para consumir em *Cucurbita pepo*, o seu nome científico, as calorias equivalentes a uma batata de 30 gramas, tem de comer 750 gramas de curgetes! Quando começou a aparecer no mercado, há relativamente pouco tempo, não sabendo como a identificar, começámos por lhe chamar aboborinha, o que estava bem próximo da sua verdadeira identidade. A curgete, mais não é do que a nossa velha conhecida abóbora porqueira, colhida antes da maturidade e, idealmente, com o máximo de 15 centímetros. Neste formato, é um legume fresco e delicioso, muito apreciado pelos novos chefes de cozinha e por todos os que apreciam a cozinha mediterrânica. É um forte aliado das dietas de emagrecimento, lembramos o que atrás se escreveu, contém 92% de água, um sabor muito suave, e não exige protagonismo, o que a torna simpática quando se associa aos demais legumes.

No tamanho indicado, a curgete nem se descasca, e pode até ser comida crua. Nela tudo é bom e se come, até as flores! Tem ainda as vantagens de ser barata e estar disponível durante todo o ano. Normalmente é verde-escura, marmoreada de branco, mas em Itália, onde é um dos legumes mais apreciados, cultivam-na em amarelo e em branco, comprida ou redonda, em bola, mas sempre deliciosa.

Como gordura, prefere o azeite, e a sua polpa suave incita-nos a ligá-la ao alho, ao tomate e aos aromas do manjericão, do tomilho e da hortelã. Comê-la crua, ralada, associada ao aipo, tomate, rúcula ou agriões e temperada com uma clássica vinagreta e folhas de tomilho, é uma experiência a fazer. Quanto às flores, retirados os estames, passá-las por um polme e fritá--las, é quanto basta para ter um dos mais deliciosos e clássicos acepipes florentinos.

Tanto os frutos (as curgetes), como as flores, são óptimos recheados com carne, outros legumes ou queijos, em especial os de cabra. Qualquer dos recheios para o tomate, o pimento ou a beringela, lhe vão bem. Retirar o pedúnculo, cortar ao meio, rechear e levar ao forno levemente regada com azeite e polvilhada com queijo.

Uma das receitas de curgetes que prefiro faz-se na Sicília, dá pelo nome de *Zucchine in Agrodolce* e colhi--a no livro de Ada Boni, referência da cozinha italiana.

Zucchine in Agrodolce

Corte as pontas a 6 curgetes e depois corte-as em troços com 5 cm. Numa caçarola aloure ligeiramente 2 bons dentes de alho em 2 a 3 colheres de sopa de azeite. Retire os alhos antes de começarem a ficar castanhos.

Introduza as curgetes na caçarola, tape e deixe cozer 10 minutos, mexendo e juntando alguns pingos de água, se necessário, e 2 a 3 colheres de um bom vinagre. Deixe cozer mais 10 minutos e acrescente 20 g de pinhões, 2 colheres de sopa de sultanas sem grainhas e 2 filetes de anchova passados por água e raspados. Deixe concentrar alguns minutos e depois regale-se comendo este petisco com fatias de pão de 2.ª torradas, regadas com um fio de azeite e polvilhadas com alguns cristais de flor de sal portuguesa.

Estranha a entrada da anchova neste conjunto? Fique a saber que ainda há menos de 40 anos, tudo o que fosse picado e devesse ficar bem temperado — recheio do peru, lombo de carne fingido, etc. — não dispensava 1 ou 2 filetes de anchova. O gosto pelos sabores fortes ficou-nos dos nossos antepassados.

Pudim de Curgetes

1 cebola; 2 cenouras; 3 colheres de sopa de azeite virgem extra; 750 g de curgetes; 1 colher de sopa de farinha; 2,5 dl de leite magro; ½ colher de café de sal; pimenta do moinho, noz-moscada; 1 cenoura; 50 g de queijo magro ralado; 6 folhas de hortelã; 3 ovos.

Rale a cebola e 1 cenoura e leve a refogar com ½ colher de azeite. Corte as curgetes em rodelas, junte-as ao preparado anterior e deixe estufar, destapado, 15 minutos ou até o líquido desaparecer totalmente.

Entretanto aqueça 1 colher de sopa de azeite, polvilhe com a farinha, deixe cozer e regue com o leite. Mexa com a vara de arames até espessar. Tempere com o sal, pimenta e noz-moscada.

Numa taça, misture os dois preparados, molho e curgetes, o queijo, a hortelã cortada em tirinhas e os ovos.

Forre o fundo de uma forma redonda com papel vegetal antiaderente e unte os lados com o restante azeite; cubra o fundo com rodelas da restante cenoura e deite por cima o preparado anterior. Leve a cozer no forno, previamente aquecido a 180 °C (forno médio) em banho-maria, cerca de 45 minutos.

Antes de desenformar, deixe repousar 10 minutos.

MASSAS ALIMENTÍCIAS: A MELHOR OU A PIOR DAS COISAS

Um dos primeiros «cozinhados» que o homem comeu, segundo a história, e que contribuiu para provar a sua inteligência, terá sido uma papa por si obtida a partir da mistura de cereais moídos com água. Mas como o homem, além de inteligente é também um artista, mais tarde, inventou as massas alimentícias compostas também, inicialmente, apenas por cereais e água. Onde e quando foi vivido esse inspirado momento tem sido desde há séculos um mistério de difícil, se não impossível, decifração. Dizem os chineses que lhes cabe a eles esse mérito, afirmação que os italianos refutam energicamente. A disputa entre estes dois povos tem por base os relatos do mais célebre dos viajantes, Marco Polo, da sua não menos célebre viagem de 24 anos pela China. Para os italianos, é bem clara a razão por que Marco Polo não cita as massas alimentícias nos seus relatos: já eram suas conhecidas. A confirmar isto assinalam a descoberta em Itália de um baixo-relevo etrusco, datando do século III antes da nossa era, onde podem ver-se os três utensílios indispensáveis à preparação das massas: uma tábua de cozinha, um rolo e uma carretilha. Para nos confundir um pouco mais, a França, pela voz dos alsacianos, reivindica também para si a invenção. Reconheçamos aos italianos, se não a invenção (quem somos nós?), pelo menos o mérito de as terem aperfeiçoado e divulgado na Europa, através dos Médicis, consta.

Inicialmente as massas alimentícias, referimo-nos às de farinha de trigo (na Ásia fazem-se também de farinha de arroz e de soja), eram evidentemente simples, mas evoluíram de tal modo que hoje, sejam de preparação manual ou industrial, podem ver-se de inúmeras formas, cores (por lhes terem sido adicionados alimentos tão pigmentados como o espinafre, o tomate ou o ovo), simples ou recheadas. Estas últimas, segundo se diz, terão sido inventadas por uma «mamma» italiana.

Nós, muito prosaicamente, fazemos uma certa analogia das massas com o arroz, dando-lhes na nossa alimentação, quase sempre, o papel secundário de acompanhamento. Fabricamo-las de muito boa qualidade, merecedoras de prémios em certames a que têm concorrido, mas continuamos a dar preferência às massas italianas.

Das massas se diz que podem ser a melhor ou a pior das coisas. Questão de cozedura. Os italianos cozem-na *al dente*, isto é, deixam-nas um pouco rijas, de modo a poderem, sem prejuízo, ser sujeitas a posteriores preparações, nomeadamente a serem misturadas com um molho, dos quais o mais comummente usado é o de tomate aromatizado com manjericão. É uma das glórias da cozinha mediterrânica.

Para rematar e provar como as massas deviam merecer-nos mais atenção, uma tão deliciosa como simples sugestão: cozer em água abundante, temperada com sal marinho e a ferver em cachão, 300 g de bom esparguete (para 4 pessoas); assim que estiver *al dente* escorrer e deitar numa frigideira grande onde já se encontram a ferver 2 dl de azeite, 2 dentes de alho esborrachados e 1 malagueta de piripiri. Mexer rapidamente e comer bem quente polvilhado generosamente com *Parmigiano Reggiano* ralado.

Como Cozer Massas Alimentícias

Uma massa bem cozida deve conservar-se firme: introduzir a massa em água abundante a ferver em cachão e temperada com sal. Para cada fracção de 500 g de massa, são necessários 4 lt de água. O recipiente deve ser suficientemente grande de modo a que as massas possam circular.

A fervura deve manter-se constante: introduzir as massas a pouco e pouco, para evitar que a água arrefeça. Tendo tendência para transbordar, juntar um copo de água fria e destapar o recipiente. Mexer a massa para evitar que se deposite no fundo do recipiente ou se colem umas às outras.

Estando cozidas, mas ainda firmes, parar imediatamente a fervura, juntando um copo de água fria e escorrer. Para comer quente, juntar à massa depois de escorrida umas colheres de água a ferver; para comer fria, juntar um pouco de azeite ou parte do molho condimentar.

Um Clássico Romano, Familiar e Boémio

Corte 200 g de bacon em quadradinhos e frite-o com um dente de alho, sobre lume muito brando, numa colher de sopa de azeite. Assim que o alho começar a alourar, retire-o. À parte, em água abundante temperada com sal, coza 500 g de bom esparguete (não muito fino), deixando-o a *al dente*. Escorra e volte a introduzir na panela. Enquanto coze o esparguete, numa tigela grande, bata 4 ovos com 2 dl de natas, 3 colheres de sopa de queijo *Parmigiano Reggiano* e igual porção de queijo *Pecorino*, ambos ralados. Tempere generosamente com pimenta preta do moinho. Deite o bacon, com a gordura de o fritar, sobre a massa e depois o preparado de ovos e natas. Misture e deixe sobre lume «*brandíssimo*» mais 2 minutos. Sirva no recipiente em que foi cozinhado. Esta receita seria aprovada pelos puristas se não levasse natas. Erro meu? Sim. Mas quanto ganham em textura!

A ELEGÂNCIA
DA SIMPLICIDADE

Este ano apetece-lhe não sacrificar o bacalhau à tradição, pondo outro peixe no seu lugar? Quer uma ajuda? De entre os grandes senhores dos mares e dos rios, surgem-me como primeira escolha, o robalo e o salmão, ambos dignos dos maiores encómios, desde que sejam de qualidade irrepreensível. Como acontece frequentemente em gastronomia, ser «o produto que faz o prato», quanto mais simples for o modo de os cozinhar, melhor.

Vem a propósito contar-lhe o que vi numa lição no Hotel da Lapa em Lisboa. Como professor, o *chef* Le Divelle, reconhecido especialista em sabores marinhos. O seu restaurante *Le Divellec* em Paris, a que já chegou ostentar duas estrelas Michelin, e é o «sítio» para onde convergem os gastrónomos apreciadores de peixe. Vi-o cozinhar um prato de vieiras com trufas pretas de uma tal simplicidade e bom gosto, que a impossibilidade de o reproduzir por falta do produto me deixou desesperada. Com a mesma simplicidade o *chef* Divelle mostrou-nos como apreciar todo o sabor do melhor dos peixes do Atlântico. Tomou na mão um robalo com cerca de 1,600 quilos pela barbatana caudal e mostrou-nos como se avalia a frescura e a qualidade dum peixe. O robalo manteve-se hirto como se estivesse vivo. Divelle é o autor do *Larousse* dos peixes. Magnífico. O robalo foi cozinhado «ao sal», perfumado com algas sargaço. Vi-as às montanhas na Apúlia, no Minho. Bem lavadas e cortadas finamente à tesoura, foram misturadas com sal marinho na proporção de 1 para 5 partes de sal. Retiradas as vísceras, mas não as escamas, lavado e enxuto, ao robalo, temperado com pimenta, foi-lhe introduzida uma alga na barriga. Estando o forno bem quente (250 °C), deitou-se o magnífico peixe sobre uma cama de sal com algas e cobriu-se com uma camada do mesmo sal, ficando a cabeça e a barbatana caudal descobertas. Levado ao forno, aí permaneceu 35 minutos, findos os quais se verificou a cozedura: introduz-se um palito de metal no dorso até à espinha, toca-se com ele o nosso lábio inferior e se queimar ligeiramente, o nosso peixe só tem que repousar 10 minutos para ser comido. Parte-se então cuidadosamente a crosta de sal e retira-se, tirando-se depois a pele com as escamas. A acompanhar, vários legumes grelhados e temperados com um azeite aromatizado com ervas. Excelente.

Cuidemos agora do outro senhor, este dos mares e dos rios, o salmão. Será preciso lembrar que o selvagem não se compara com o de cultura? Escolhamos o melhor e sigamos outro *chef* de nomeada, Georges Blanc, que actualmente tem 3 estrelas Michelin.

De qualidade têm que ser também as pontas tenras dos espinafres que irão servir de suporte ao peixe. Escolhidas e lavadas, escorrem-se bem. Para 4 pessoas, aqueça sobre lume muito brando, 2 dl de azeite virgem extra e tempere-o com um pouco de flor de sal, pimenta e o sumo de ½ limão pequeno. Deite um fio de azeite numa frigideira anti-aderente e coloque aí quatro *pavés** de salmão, ficando a pele em contacto com a frigideira. Deixe cozer suavemente quatro minutos e leve a forno quente (220 °C) mais 2 minutos. Noutra frigideira, e com um pouco de manteiga, salteie rapidamente os espinafres. Tempere com sal, pimenta e noz-moscada.

Disponha o salmão com a pele para cima, numa travessa aquecida, sobre os espinafres. Regue-o com o azeite aromatizado e espalhe sobre o conjunto pimenta moída na altura e alguns grãos de flor de sal.

Tomates-cereja cortados em quartos serão a única nota de cor permitida na travessa. À parte, podem servir-se batatinhas cozidas a vapor.

Duas sugestões tão simples como elegantes. Não admira, saíram das mãos de dois grandes mestres.

* *pavé*: posta alta, quadrada, com pele.

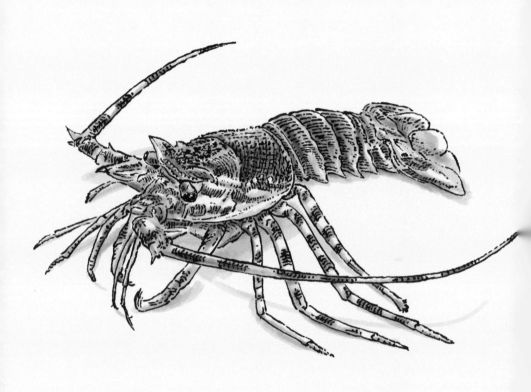

OS «FRUTOS» QUE O MAR NOS DÁ

«Esta nossa terra portuguesa vai pela costa fora sempre de braços abertos para o mar, estreitando-o amorosamente contra si» (Raul Brandão em *Os Pescadores*). São oitocentos e trinta quilómetros de costa de águas frias, batidas, que nos dão o que de melhor o mar possui. Não espanta por isso, a quem já provou o nosso marisco, ouvir um português gabar-se de que no seu país se come o melhor marisco do mundo. Não será propriamente barato, mas é do melhor e não é uma raridade. Por toda a costa, nas principais cidades, e até no interior, em Portugal, é possível petiscar ou fazer uma refeição com marisco irrepreensivelmente fresco. A variedade é grande, e sempre boa. Mesmo os grandes *chefs* de cozinha estrangeiros mais reputados a trabalhar no país reconhecem que a qualidade do nosso marisco não precisa de disfarces. Ao contrário do que acontece noutros países, dispensa caldos aromáticos e, quando cozido, é-o apenas em água temperada com sal marinho. Numa boa marisqueira, uma travessa de mariscos acabados de cozer é uma festa para os olhos e para o paladar. Lagostas, lavagantes, bruxas, cavacos, lagostins, ostras, canilhas, navalheiras, búzios, santolas e sapateiras, camarões de vários tamanhos e cores, amêijoas e percebes convivem num harmonioso colorido com cheiro e sabor a mar.

Escolher o seu próprio marisco vivo é um dos prazeres de que se pode desfrutar em Portugal. Muitos estabelecimentos encontram-se equipados com aquários suficientemente grandes para albergar vivos, durante vários meses, sem grande perda de qualidade, lavagantes, lagostas, sapateiras e santolas de vários tamanhos. O peso relativamente ao tamanho e à vivacidade são os sinais de frescura mais válidos. Quanto mais fina for a casca, melhor; o ideal seria apanhá-los na altura da muda da carapaça, o que acontece várias vezes ao longo da sua vida, permitindo-lhes crescer.

Nos crustáceos, a lagosta é quem goza de maior prestígio, especialmente se for fêmea e quando ovada. Diz-se que é muito cara e que a culpa disso caberá aos nossos vizinhos espanhóis, que para manterem o prestígio das suas casas, a pagam nas nossas lotas por qualquer preço. A lagosta da costa portuguesa é a *Palinurus vulgaris* castanha enquanto viva, apresentando pequenas manchas brancas simétricas sobre cada segmento. Tem uma carne que lhe merece extremamente fina. O peso ideal situa-se entre 300 e 600 gramas. É sobretudo apreciada apenas cozida, muito ligeiramente cozida, mas grelhada e acompanhada de um molho «béarnês», é um luxo! Os grandes apreciadores de marisco preferem-lhe o lavagante, de sabor mais forte e carne mais resistente. O nosso, o *Homarus vulgaris*, vivo é azul, adquirindo ao cozer a cor encarnada forte que lhe dá o direito ao título de cardeal dos mares. Também nesta espécie, a fêmea é considerada melhor. O lavagante possui duas enormes pinças desiguais recheadas de carne, são o seu primeiro par de patas. É muito apreciado apenas cozido, acompanhado de uma maionese com um ligeiro sabor a alho. Na costa oeste alguns restaurantes também o apresentam cozinhado num molho fortemente tomatado, a que outrora se dava o nome de «Lavagante Suado à moda de Peniche». Actualmente, a receita toma o nome do restaurante e foi aligeirada, a cozedura é mais curta, como manda a moda e o bom gosto. Falar com apreciadores de mariscos em Portugal é estar em interrogação permanente. Cada espécie é sempre a melhor. Existe mesmo uma hierarquia na apreciação: lavagante, «cavaco» e lagosta. Para apanhar este «cavaco» é preciso ir aos Açores ou a casas altamente especializadas do território continental. O «cavaco» é a chamada e apreciadíssima «lagosta-da-pedra», a *Scyllarides latus*. Tem uma configuração estranhíssima, parecendo um híbrido de lagosta e de santola. Depois de cozida fica cor-de-laranja e para a degustar em todo o seu esplendor é comê-la simples, só com pão torrado barrado com manteiga.

O lagostim começa a ser raro, de tão perseguido vive hoje quase sempre no defeso, mas faz-se ver nos fins de Junho e Julho, depois da desova. Caríssimo. «os espanhóis compram tudo...», lamentam os hoteleiros.

Falemos dos caranguejos e apenas dos mais importantes gastronomicamente: a sapateira e a santola. A última faz a unanimidade: a *Maja squinado* é a melhor, a sua carne não é comparável a nada, é *sui generis*, especial e única. Não rende e dá muito trabalho a comer, mas compensa. Certificar-se que entrou na água a ferver bem viva e comê-la simples, são os únicos conselhos possíveis. Já a sua familiar sapateira, a *Cancer pagurus,* aparece frequentemente recheada com ou sem maionese, pickles e ovas de lavagante. Uma delícia!

Na amêijoa também fomos agraciados e podemos distinguir duas espécies: a chamada «boa» ou «fina», castanha depois de aberta e a «macho», de concha preta, que é preciso experimentar «à Bulhão Pato», receita em que se rende homenagem ao último dos escritores românticos portugueses, que parece que também tinha boa mão para a cozinha. Azeite, coentros e alhos, e no final, já na mesa, um generoso fio de sumo de limão, juntam-se para transformar 1 quilo de amêijoas num dos pratos mais emblemáticos da cozinha nacional.

Não pode falar das delícias que o mar oferece quem não provou o pequeno camarão da costa e a gamba algarvia. Esta consente fritar-se em azeite aromatizada com alho e piripiri, tão do gosto português. E os percebes, outrora o marisco do pobre? Os seus devotos, que são legião, dizem-no o melhor de todos, comido quente e tendo apenas consentido levantar fervura à água a ferver em que foi sacrificado.

É assim, em toda a simplicidade, que comemos os «frutos que o o mar nos dá», respeitando-lhe o sabor e conservando-lhe aquele tão esquisito aroma a maresia. É um jeito nosso!

Arroz de Mariscos

(para 4 pessoas)

350 g de arroz carolino; 1 kg de berbigão; 250 g de camarão; 3 dentes de alho; 1 dl de azeite virgem extra; 1 molhinho de coentros; sal, pimenta e piripiri.

Retire toda a areia ao berbigão, pondo-o de molho em água fria com sal e mudando a água várias vezes. Abra o berbigão sobre lume forte e o mais rapidamente possível. Retire o berbigão das conchas, côe a água que largou por um pano fino e reserve. Coza os camarões em água a ferver temperada com sal, apenas o tempo necessário para os poder descascar. Reserve a água. Descasque os camarões e coza as cabeças e as carapaças na água de os abrir. Triture tudo no copo misturador ou passe pelo *passe-vite*. Junte a água dos berbigões e côe tudo.

Aloure ligeiramente os alhos picados com o azeite; junte os coentros picados, deixe fritar uns segundos e regue com a água dos mariscos, que deve medir pelo menos três vezes o volume do arroz. Prove a calda, deixe levantar fervura e introduza o arroz. Assim que ferver novamente, tempere com sal, pimenta do moinho e piripiri. Tape, reduza o calor e deixe cozer. Junte os mariscos, deixe repousar cinco minutos tapado e sirva.

NA COZINHA
DO BARREIRO

Folheando qualquer caderno de receitas de cozinha de uma família barreirense, é flagrante a presença das cozinhas do Alentejo e do Algarve. Estas duas províncias têm muito a ver com o que se come na cidade e seus arredores. Nem admira! Contam-se por dezenas as histórias sobre gente daquelas terras que, vindas por aí acima em busca de melhor vida, chegando ao Barreiro, viram ali a terra «prometida». Por lá ficaram mantendo e influenciando a cultura local com muitos dos seus hábitos. Os alimentares, sabe-se, são os mais difíceis de «largar».

No meu caderno de receitas da região, encontrei aquilo a que se pode chamar, sem exagero, verdadeiras pérolas. A maior influência vem do Algarve e disso são exemplo as inúmeras caldeiradas e a mestria com que ali se assa o peixe. Mas o que mais me chamou a atenção foi a presença de uma «salada assada», cuja receita julgava nunca ter saído do sotavento. No Barreiro, talvez por iniciativa, não se limitaram à cópia, acrescentaram-lhe bacalhau, tornando a salada bem mais apropriada ao duro trabalho que ali viriam a realizar. Houve também quem, recuando às suas mais remotas lembranças de paladar, inventasse. É o caso do sr. Custódio Raposeiro, de Pegões, tão perto do Barreiro, que, em 1961, me enviou da sua lavra, isto é, de sua criação, duas magníficas receitas que servia na sua Casa de Comidas em Pegões.

Sobre a Sopa de Amêijoas que a seguir descrevo, direi apenas: magnífica! Já à Chibança de Bacalhau, cujo nome me obrigou a consultar os dicionários, terei de fazer um comentário. Primeiro, a palavra. O que quererá dizer «chibança»? Segundo apurei, nada mais, nada menos do que prosápia, bazófia. Se gosto mesmo do nome, não o posso considerar menos apropriado: a Chibança do Sr. Raposeiro está longe de ser um embuste, é uma coisa mesmo boa. Mantenha-se o nome, porque é giro, e um mistério para quem vem de fora.

Canja de Amêijoas

1 kg de amêijoas; 3 colheres de sopa de azeite virgem extra; 1 cebola grande; 2 dentes de alho; 1 ramo de salsa; 1 colher de sopa de colorau; 3 gemas; sal e pimenta; pão de 2ª.

Depois de bem lavadas e libertas de toda a areia, deite as amêijoas num recipiente largo e cubra-as com água. Tape e leve a lume forte o tempo preciso para as amêijoas abrirem. Retire o marisco das conchas, coe o caldo e junte-os novamente.

À parte, no azeite, aloure a cebola, os alhos e a salsa, tudo picado. Polvilhe com o colorau, mexa e adicione o caldo com as amêijoas.

Numa tigela deite as gemas e desfaça-as com um pouco do caldo bem quente. Junte depois à totalidade da sopa e deixe aquecer sem ferver.

Corte o pão em fatias, deite-as numa terrina ou nos pratos e regue com a sopa bem quente. A comer imediatamente.

Chibança de Bacalhau

800 g de bacalhau demolhado; 800 g de batatas; 2 cebolas grandes; 3 dentes de alho; 1 ramo (grande) de salsa; 1 a 2 folhas de louro; pimenta; 1 colher de sopa de colorau; 2 dl de azeite virgem extra; sal (se necessário); 2 ou 3 ovos (facultativo).

Corte o bacalhau em tiras; descasque e corte as batatas e as cebolas em rodelas, as últimas, muito finas. Pique finamente os alhos e a salsa e parta o louro em bocadinhos, rasgando as folhas.

Num tacho, coloque todos os ingredientes em camadas, temperando-as com pimenta e polvilhando as camadas de batata com colorau. Regue tudo com o azeite e uns salpicos de água. Tape o recipiente hermeticamente e leve a lume brando, sacudindo o tacho de vez em quando. Se verificar que o preparado começa a secar, regue com um pouco de água a ferver. Assim que as batatas estiverem cozidas, está pronto. Pronto, não! Falta o molho que deve ficar espesso. Na fase final da cozedura, junte os ovos batidos que ao cozer ficarão em farrapos. Sirva bem quente.

Salada Assada

750 g de bacalhau alto já demolhado; 2 pimentos pequenos; 3 bons tomates; 1 boa cabeça de alhos; 6 colheres de sopa de azeite virgem extra; 2 colheres de vinagre de vinho tinto; pimenta preta do moinho; sal; batatas cozidas (facultativo)

Enxugue e asse o bacalhau em lume de carvão (moderado) não o deixando secar. Desfaça-o em lascas. Asse os pimentos do mesmo modo, ou sobre a chama de gás, limpe-os de sementes e corte-os em tiras. Asse os tomates, corte-os ao meio e esprema-os para os libertar das sementes e de alguma água. Asse a cabeça de alhos inteira e depois separe os dentes e pele-os.

Numa travessa disponha uma camada de bacalhau, sobre esta estenda uma de pimentos, depois de tomate e finalmente de alhos. Todas as camadas, com excepção da de bacalhau, devem ser ligeiramente polvilhadas com um pouco de sal.

À parte, misture, agitando, o azeite, o vinagre e um pouco de pimenta preta moída na altura. Deite este molho sobre toda a salada e leve ao frigorífico até à hora de servir.

Nota: Pode, ou não, acompanhar esta salada com batatas cozidas, frias, mas sem irem ao frigorífico.

FRITOS MAIS LEVES

Como não recuso os fritos, como quase toda a gente, vão naturalmente pensar que não só gosto muito deles, como os recomendo. Confesso que, como qualquer português comum, não sou indiferente a uns Jaquinzinhos com Arroz de Tomate e que uns Peixinhos da Horta bem secos e estaladiços me enchem de júbilo. Atenta à saúde e à linha, são prazeres de que raramente gozo. Creio ter já denunciado de forma clara, os defeitos deste modo de cozinhar a que só muito discretamente apontei as virtudes, que também as tem. À privação radical, contrapus moderação. É com este espírito que volto a falar de fritos, bem feitos, e com a certeza de não ser completa, acrescento um pouco do muito que sobre a matéria há para dizer. Como referi entusiasticamente a crosta saborosa que se exige a um frito bem feito, alguém me pediu que explicasse como consegui-la em alimentos panados e envoltos em polme. Nos últimos, tínhamos nós obrigação de ser os melhores. Não há frito mais leve, nem mais universalmente famoso do que a Tempura japonesa. Fomos nós portugueses, «o homem do nariz grande», que no século XVI lhes ensinámos a arte de fritar. É por isso que, quando me dão um peixinho da horta, de albarda grossa e encharcado em óleo, em vez de orgulho, sinto vergonha. Evoluímos aqui no pior sentido: em vez de mais leve, como é tendência, fazemos mais pesado.

Vamos então aos trabalhos práticos, como José Quitério costumava dizer quando, nas suas saborosas críticas, passa do cultural para o prosaico.

Lembro-me de já vos ter dito que só as batatas, por já conterem amido, se fritam sem necessidade de protecção, se enxutas. Já os jaquinzinhos têm que ser empoados. Eu faço assim: tomo um saco de plástico e deito lá para dentro um bocado de farinha; enxugo muito bem os peixinhos, mergulho-os no saco que agito para os envolver todos por igual. Cá fora, sacudo o eventual excesso de farinha e frito imediatamente por imersão. Há alimentos que por terem muita água de constituição, necessitam de um tratamento mais forte. Estão neste caso sobretudo os legumes e os frutos, alguns mariscos e peixes pequenos ou em filetes. Os últimos são, entre nós, apenas protegidos por uma fina camada de farinha e o ovo ligeiramente batido. O polme, mais protector, deve ser preparado com alguma antecedência, para repousar e a massa perder a elasticidade que o tornaria pesado. Os alimentos, sempre de pequenas dimensões ou cortados em fatias, podem ser crus ou cozidos, conforme a sua consistência. Quanto ao polme, costumo partir da mesma base para todos os alimentos, com pequenas alterações de acordo com o resultado que pretendo. A farinha de trigo é comum a todos (250g), já como líquido, sempre muito frio, uso leite para alimentos mais húmidos; água, para polmes mais leves e cerveja quando quero que se apresente tufado — em fatias de maçã, por exemplo. Quanto aos ovos (2), dissolvo as gemas com o líquido, junto algum aroma, misturo com a farinha, sem bater, e ponho a repousar; na altura de usar, bato as claras em espuma (não em castelo) misturo-as com a massa anterior e uso imediatamente. A quantidade de líquido, que pode ser só um ou uma mistura dos citados, deve ser a precisa para se obter uma massa fluida mas não líquida.

Os panados pequenos, como croquetes, fritam-se por imersão, como as batatas e a 175 °C (não esquecer de filtrar o óleo depois de frio); o escalope de vitela ou o de peru, são mais exigentes. Exigir no talho o corte da carne contra o fio; cada escalope deve pesar apenas de 110 a 120 g e ter 1 cm de espessura. Em casa, espalma-se sem fazer buracos para ficar com 7 mm e tempera-se com sal e pimenta. Passa-se por farinha, sacode-se, a seguir por clara de ovo ligeiramente batida e finalmente por pão ralado a que pode juntar-se um pouco de parmesão ralado. A fritura processa-se na frigideira, não mais de 5 minutos de cada lado e a gordura em pequena quantidade, mas superior à do salteado, pode ser uma mistura de azeite e manteiga. A que sobrar, deita-se fora. Escorrem-se os panados sobre papel absorvente.

Há tanto tempo que não faço panados que me esquecia de recomendar que os reguem, depois de fritos, com sumo de limão.

Tempura

Para o polme: tome dois copos iguais e num deite 1 ovo e preencha-o com água gelada; no outro copo deite farinha de trigo até meio e complete com maisena ou farinha de arroz. Misture com um pauzinho, não desfazendo os grumos e deixando alguma farinha solta. Tempere com sal. Para um polme ainda mais leve, bata a clara em espuma.

Corte os alimentos — apenas vegetais, peixes e mariscos — em pequenas tiras, ou porções, e escalde os mais rijos com água a ferver. Passe os alimentos bem secos pelo polme e frite-os em óleo (de amendoim) abundante aquecido a 180 °C, deixando apenas coagular o polme, sem alourar. Escorra sobre papel absorvente. Acompanhe com um molho constituído por ⅓ de mirin, ⅓ de molho de soja e ⅓ de caldo aromatizado com aparas de peixe seco.

O GENGIBRE, AROMÁTICO E ESTIMULANTE

O aroma das especiarias é como que um feitiço que nos abre as portas do mundo. Juntar ao mais simples e sensaborão dos pratos uma casca, um grão, um fruto ou um botão floral aromáticos, é torná-lo de imediato misterioso e fascinante. Não fazem parte dos alimentos nutritivos, o seu terreno é o do prazer, embora se reconheça o efeito estimulante que algumas exercem sobre o organismo.

Usam-se desde tempos imemoriais, mas fomos nós, portugueses, os primeiros a dar-lhes importância comercial, determinante para a expedição de Vasco da Gama. Espanhóis e holandeses, seguiram-nos os passos, mas foram os ingleses que, ao estabelecerem em 1600 o seu domínio na Índia as monopolizaram, e as difundiram no Ocidente. Os ingleses, e em geral os anglo-saxões, são até hoje quem melhor as miscigenou nas suas cozinhas.

Cá por casa fazemos vénia à pimenta, à canela, pelas quais lutámos, ao cravinho, à fascinante noz-moscada e começamos a falar de cardamomo, de zimbro, de aniz--estrelado, de gengibre, etc.

É o último, esse rizoma nodoso e aromático que aqui me traz. Os portugueses apreciam, de modo geral, o seu sabor ao mesmo tempo apimentado aromático, fresco e acre. Para o aplicar farejemos especialmente nas cozinhas asiáticas, indianas e inglesas. Raramente reconhecemos que a cozinha inglesa, como todas as cozinhas do mundo, merece pelo menos uma espreitadela.

Nascido, segundo dizem, na China e na Índia, o gengibre, entre as 600 plantas que Dioscoride estudou, descreve-o vagamente como uma planta «própria para relaxar o ventre» e já Santa Hildegarda, sempre na vanguarda do progresso, entre outras virtudes, considera-o remédio radical para as cataratas e recomenda--o aos homens fortes e obesos, sob risco de lascívia e inconsciência.

Indiferente para a medicina de hoje, o gengibre conquistou vigorosa e rapidamente a gastronomia de todo o mundo. É nestes manuais, de data recente, ainda considerado como tónico, estimulante e afrodisíaco. Propriedades que não pude certificar cientificamente. Certo, certo é ele poder substituir o sal nas dietas pobres em sódio. Mas isto já é cozinha.

Vende-se em qualquer supermercado, fresco ou em pó, e são raras as preparações que não ganham com o seu contributo, mesmo discreto. É especialmente afeiçoado às carnes brancas e aos peixes e na óptima, e de longa duração, doçaria anglo-saxónica. Do gengibre fazem os ingleses várias bebidas entre as quais o nosso conhecido *ginger ale*.

Gari – Conserva de Gengibre Japonesa

Pele finamente 250 g de gengibre fresco (carnudo), corte-o em fatias finíssimas, introduza em água a ferver e deixe cozer 5 minutos a partir da ebulição. Escorra, tempere com um pouco de sal e introduza num frasco que feche hermeticamente. Dissolva 2 colheres de açúcar em 2,5 dl de vinagre de arroz, leve a lume brando, aumentando-o gradualmente. Deixe ferver 2 minutos. Depois de frio deite sobre o gengibre, cobrindo-o. Conserve no frigorífico e não consuma antes de 24 horas depois. A usar sempre que, mudando de prato, quiser «limpar» o paladar.

Bolachinhas de Gengibre à Inglesa

Bata 75 g de manteiga em creme. Batendo vigorosamente, junte 200 g de açúcar mascavado, 2 ovos, 1 colher de chá de gengibre em pó, a raspa da casca de 1 limão e uma pitada de sal. Adicione, misturando, 250 g de farinha peneirada com 1 colher de café de fermento em pó. Molde em bola e leve ao frigorífico de 1 a 2 horas. Entretanto, aqueça o forno a 220 °C (muito quente). Com o rolo estenda a massa com 3 mm de espessura. Recorte de formas diversas e leve a cozer no forno de 15 a 20 minutos.

Camarões Salteados com Gengibre e Lima

(receita asiática ocidentalizada)

Para 4 pessoas, tome 800 g de camarões médios ou gambas, descasque-os, tempere com sal e pimenta e regue com o sumo de 1 lima. Deixe ficar assim 15 minutos.

No *wok*, em 3 colheres de óleo salteie rapidamente a parte branca de 1 alho francês e 2 cebolinhas verdes cortadas em tirinhas. Polvilhe com 1 colher de café de canela e junte 1 dente de alho esborrachado, os camarões e o líquido da marinada. Assim que os camarões se mostrarem opacos, junte 1 malagueta vermelha sem as sementes e picada. Tempere com sal e pimenta e adicione 1 colher de sopa rasa de gengibre pelado e ralado e o sumo de ½ lima. Rectifique o tempero e, fora do calor, junte 1 tomate cortado em cubos. Espalhe por cima 3 folhas manjericão cortadas em tirinhas e os gomos de ½ lima. Acompanhe com arroz perfumado (*thai*) cozido e polvilhado com coco torrado e molho de soja.

UMA RECEITA
COM HISTÓRIA

Símbolo da fertilidade e da vida, um ovo de galinha, sujeito a uma ligeira temperatura, objectiva fenómenos de tal modo intensos e dinâmicos, que, da célula primitiva contida no germe, sob a influência e força misteriosa da hereditariedade, resulta um ser vivo semelhante ao animal que o pôs e o fecundou.

Do ponto de vista material, o ovo é um alimento completo: proteínas, vitaminas, sais minerais e gorduras são os seus constituintes mais importantes que fazem dele um dos principais alimentos tanto para a vida como para a cozinha. Nós temos a sorte de dispor de ovos durante todo o ano. Permite-o a produção maciça em aviário. Mas não foi sempre assim, como bem sabem. Gregos e romanos tinham que os conservar para o Inverno, e como não tinham frigorífico, ora os conservavam entre as palhas dos cereais, ora entre cascas de favas secas, usando ainda o estratagema de os cozinhar nas cinzas quentes para os comer cortados em rodelas a acompanhar o peixe. Quem não concordava com esta prática era Galeno, que foi médico de Marco Aurélio e que, tendo escrito mais de duas centenas de livros sobre matérias várias, muito principalmente descobriu que nas nossas artérias circula sangue e não ar como à época se pensava. Mas como este sábio não era contra para ser do contra, contrapôs à receita romana a que com o maior gosto lhes transmito.

Galeno «estufava» os ovos. Colocava-os inteiros, com a casca, numa panela e juntava-lhes vinho tinto de modo a obter apenas um dedo de altura de líquido; regava-os com um pouco de azeite e, imagino, muitas ervas aromáticas. Tapava a panela e deixava cozer os ovos suavemente, durante uma hora, acrescentando mais vinho à medida que ia evaporando, de modo a manter constante a quantidade de líquido. Para servir, depois de descascados, Galeno, que nesta receita dá prova evidente de ser gastrónomo, regava os ovos com um pouco do vinho da cozedura. Não é sem alguma emoção que chego ao fim da descrição da sua receita. Nunca pensei poder comer algum dia um cozinhado, que no segundo século da nossa era, fez as delícias de gregos e romanos, obra do talento de um dos mais célebres espíritos da humanidade.

Esta receita está longe de ser para mim uma anedota. Se pensarmos que a casca do ovo é porosa, não vejo porque é que, deixando-se a gema e clara penetrar pelos aromas do vinho e das ervas, não resulte um bom prato de ovos. Quanto a pergaminhos..., conhecem outra que se lhe compare?

É sem reservas que falamos de ovos na Primavera, época em que atingem o máximo de qualidade. Mesmo assim permitam–me que vos lembre as vantagens de se consumirem ovos frescos. Ora, esta semana quis enfeitar um prato com gomos de ovos cozidos, segui os preceitos para ter um ovo com a gema centrada e toda a clara da mesma espessura. O que consegui foi assistir a um verdadeiro e inesperado espectáculo. Desde explosões à rejeição da gema inteira, os ovos que usei deram-se ao luxo de todas as fantasias. Soube depois que o problema não era meu e que o ovo cozido, que tanto jeito dá em almoços de praia ou como ajuda para saciar a fome nas dietas de emagrecimento, era de impossível realização correcta na época quente do ano. Não foi fácil ver-me derrotada por um simples ovo, reconhecendo-lhe, embora, todo o seu valor. E fiz o que sempre faço nestas circunstâncias: quando não sei, pergunto a quem sabe. Desta vez pedi ajuda à Professora Alexandra Veiga especialista em Segurança Alimentar.

Eis o resumo do que aprendi e partilho convosco:

A frescura do ovo está relacionada com o tempo que medeia entre a postura e o consumo, mas também com as condições ambientais, em particular a temperatura. Há uma unidade de medida da frescura dos ovos (HAUGH) que pondera o tamanho dos ovos e a espessura da clara na zona junto à gema. Quanto mais espessa, mais fresco é o ovo. De um modo geral, quanto maior for um ovo, menor é a sua frescura aparente.

Vejamos o que se passa com a qualidade dos ovos no Verão:

Câmara-de-ar (grande referência caseira para avaliar a frescura do ovo). A criação de uma câmara-de-ar num ovo resulta da casca ser permeável à água e aos gases. Com o tempo, o ovo perde humidade e, para compensar esta perda, permite a entrada de ar que gera esta câmara. Assim, quanto maior for a câmara-de-ar, menos fresco é o ovo.

No Verão as galinhas bebem mais água e comem menos. Consequências: o valor nutricional do ovo é menor e a clara e a gema são menos espessas, a casca é menos espessa, o que a torna mais frágil e susceptível a danos (fissuras), ficando mais sujeitos a contaminação. Por outro lado, uma temperatura mais elevada significa maior e mais rápida perda de humidade, de que resulta o aumento da câmara-de-ar.

No ovo existem duas estruturas denominadas «calazas» que ajudam a manter a gema centrada. Como no Verão a clara é menos espessa torna-se mais difícil manter a gema centrada. Uma maneira de minorar este problema é a de inverter o ovo a meio do seu período de vida (se conhecermos o dia de postura).

Preferir ovos de tamanho M. Nesta dimensão a proporção é de 1 parte de gema para duas de clara. Nos ovos maiores ou mais pequenos (S, L, XL), há mais do que 2 partes de clara para 1 gema.

Guardar os ovos dentro do frigorífico, e não na porta, a não ser que o suporte tenha tampa. Quando se abre a porta do frigorífico, ocorre rapidamente a condensação de água à sua superfície. Dada a permeabilidade da casca, esta água pode entrar tornando o ovo susceptível à contaminação de bactérias do exterior.

Os ovos caseiros, mesmo muito sujos só se lavam na altura de utilizar. O ovo vem revestido de uma película que o protege e que desaparece ao lavar, permitindo a entrada de água contaminada com bactérias patogénicas que, multiplicando-se, podem causar doenças.

Que fazer, então, com os ovos XL que tem em casa? Damos-lhe várias sugestões para omeletas não «babosas» como mandam os cânones, mas bem cozidas que é o que lhe convém.

Obrigada Senhora Professora por mim e pelos leitores deste livro que agora, já podem afirmar que sabem o que é um ovo.

E agora... *chic*, mais *chic*... não há: o ovo do pequeno-almoço da alta finança ...

Ovos Bénédictine

Corte uma fatia de pão, disponha por cima um ovo escalfado (não cozido) e cubra-o com molho *hollandaise*. Pedacinhos discretos de cebolinho, será o único enfeite desejado.

O MEL: UM TESOURO

A curiosidade do primeiro homem que ousou provar aquela substância estranha a que hoje chamamos mel, foi certamente seguida de grande júbilo.

Desde esse dia, perdido nos milhões de anos do mundo, as abelhas passaram a ser perseguidas pelo homem, que lhes rouba parte do seu alimento, fruto de um trabalho árduo e persistente.

Dezenas de vezes citado na Bíblia, por vezes simbolizando a «doçura do puro amor», outras referido como oferenda para a obtenção de favores, o mel é colocado ao nível do que havia de mais precioso. Para David, superior ao mel, «Só as Palavras do seu Deus!». Jesus Cristo, provou que era o Filho de Deus ressuscitado, comendo peixe e um favo de mel oferecido pelos seus discípulos. O mel simbolizou ainda a «Verdade» porque é por si um alimento autêntico, pronto, que não precisa de qualquer manipulação depois de recolhido, inimitável (até à descoberta do açúcar) e imperecível.

Durante muito tempo, o mel foi considerado como um milagroso elixir de longa vida. Pitágoras e Demócrito, que morreram de velhos, mas de muito, muito velhos, atribuíam a sua longevidade ao facto de comerem mel. Conta-se que sendo Júlio César convidado de Rumilius, admirado perante a saúde e o vigor do seu hospedeiro, não resistiu a questioná-lo sobre o segredo da sua longevidade. Foi sorrindo que Rumilius lhe confessou seguir apenas o preceito de saúde que tinha mantido o filósofo Demócrito até à idade de 109 anos. «mel para o interior, e óleo para o exterior». Ainda hoje há quem lhe reconheça a virtude de sarar feridas e combater infecções, comparando o mel a um «bálsamo, um leite e a um açúcar». Altamente energético, 100 gramas de mel fornecem 300 calorias, fazem dele um bom alimento para o Inverno, em especial para os desportistas. Quanto às suas apregoadas vitaminas, as opiniões dividem-se devido à sua extrema fragilidade e à dependência da sua proveniência. Alguns minerais e proteínas fazem do mel um alimento a considerar.

O mel é ainda um maravilhoso alimento que, através do poético trabalho das abelhas, a natureza nos oferece. Pousando de flor em flor as abelhas, as obreiras, recolhem o néctar, que é o líquido segregado por certos órgãos das plantas (os nectários); recolhem-no, sugando-o e guardando-o no papo onde começa a dar-se a sua transformação em mel. Quando sentem o papo cheio, as abelhas voltam à colmeia, aliviando-se aí da sua preciosa carga, depositando-a nos alvéolos ou regurgitando-a na boca das obreiras mais novas. Descansam uns breves momentos, sacodem-se no que são ajudadas pelas alimpadeiras e regressam à sua intensa faina, tanto mais intensa quanto mais forte for o Sol.

A transformação do néctar em mel é processada por outras abelhas, as lagareiras, cuja missão é prepará-lo. O fabrico do mel pelos laboriosos insectos em tudo se parece com uma indústria organizada: depois dos alvéolos cheios, batendo as asas fortemente, as abelhas provocam uma forte corrente de ar com o fim de evaporar o excesso de água. Em seguida malaxam o líquido na boca e é então que se dá a reacção química — o desdobramento da sacarose em levulose e dextrose, por acção da invertina, suco segregado pelas glândulas salivares das abelhas. Após estas operações o líquido é ainda submetido a um calor elevado, que termina o desdobramento da sacarose. O trabalho das nossas obreiras não termina aqui, são necessárias mais manipulações para que o mel seja enfim guardado em células especiais e aí preservado do exterior com uma tampa de cera também fabricada pelas próprias abelhas. Como qualquer formiga previdente, a abelha trabalhou no bom tempo para conseguir reservas para o Inverno. O fruto do seu trabalho é porém excepcionalmente precioso para o homem.

Durante milénios o mel foi o único edulcorante conhecido no Ocidente. O açúcar, já familiar no Oriente, chegar-nos-ia muito depois. Ao contrário do açúcar, cujo sabor é apenas doce, o mel apresenta uma enorme gama de sabores e de cores. Estas vão do esbranquiçado ao castanho-escuro, passando pelos dourados, avermelhados e aos castanhos. Cada cor corresponde a um sabor distinto, dependente das regiões em que são produzidos e, evidentemente, das flores que produzem o néctar de que são feitos.

Os portugueses têm boas razões para preferir o mel como adoçante de muita da sua doçaria tradicional, da mais antiga e da que mais fortemente fala ao coração.

A paleta de cores e sabores é a mais variada e a qualidade não pode ser mais preservada. Nove méis DOP, é de quanto dispõe a doceira portuguesa para desafiar os paladares mais exigentes. Mel do Alentejo, mel do Barroso, mel da Terra Quente, mel do Ribatejo Norte desdobrando-se este em Ribatejo Norte, Serra d'Aire, Albufeira do Castelo do Bode, Bairro e Alto Nabão, todos DOP, disponíveis em embalagens transparentes e etiquetadas, atestando a sua pureza e alta qualidade.

Para os Nógados que festejam o Natal e o Carnaval e para o fofo e húmido Bolo de Mel natalício, usam no Alentejo o seu suave mel, a condizer com a doçura do azeite, seu indispensável companheiro de doçuras, com sabor a flores múltiplas entre as quais as das suas laranjeiras; o mesmo bolo ganha outro sabor quando usa qualquer dos méis do Ribatejo Norte, cujo néctar as abelhas *Apis mellifera (sp. Iberica)* ou a *Apis mellifera mellifera (sp. Iberica)* colheram na sua vastíssima flora que vai do *Rosmarinus*, à *Lavandula* e à *Mentha* entre outras espécies; este mesmo mel adoça, como nenhum outro poderia fazê-lo, o célebre Pudim de Azeite e Ovos que se faz na Beira Baixa e as indispensáveis Broas dos Santos e do Natal; inesquecível o sabor do mel de castanheiro da Serra da Lousã, cor de âmbar, sobre uma fatia de queijo Rabaçal; impossível imaginar os Formigos ou Mexidos minhotos faltando-lhes a negrura do Mel de Urze ou Mel de Queiró; um muito seu semelhante, o Mel de Barroso, não se compara a nada, barrando o magnífico pão de centeio da região; com mel temperam-se ainda em Trás-os-Montes enchidos doces e outros.

Mas o uso do mel não se esgota na tradição: as carnes são melhores quando temperadas com mel, a pele das aves ganha mais sabor e a tão moderna e apreciada textura «crocante»; um pingo de mel faz maravilhas numa vinagreta de mostarda para a salada. E haverá melhor condimento para o queijo fresco ou o requeijão do que o mel da sua região?

Gabemo-nos: líquido ou cremoso, dourado ou escuro, temos méis para todas as circunstâncias.

O FIGO

Fruto bíblico, guloseima deliciosa, ao mesmo tempo rural e requintada.

No sentido botânico, o figo não é rigorosamente um fruto, mas um receptáculo carnudo que abriga no seu interior um grande número de «grainhas» que têm o nome de aquénios e que são os verdadeiros frutos. Dele podemos dizer que floresce em segredo, apenas revelando as suas flores a quem procura os prazeres do seu sabor.

Associados frequentemente a uma imagem rural e frugal, a verdade é que foram, desde a mais remota antiguidade, dignos de figurar na mesa de grandes banquetes. Entre os que o elegeram como fruto preferido, encontra-se Cleópatra e Platão, cuja causa de morte terá sido uma indigestão de figos. Luís XIV apreciava de tal forma os figos, que M. De La Quintinie, agrónomo real, se apurou no seu cultivo, construindo um edifício próprio onde as figueiras eram guardadas em contentores ao abrigo das intempéries para que, durante mais largo período do ano, pudesse ser satisfeito o prazer real. Também Sartre, a acreditar em Simone de Beauvoir, rejeitava todos os alimentos não confeccionados, mas não dispensava o prazer de saborear um doce e carnudo figo.

Sendo o seu cultivo anterior ao do açúcar, os figos terão sido o primeiro adoçante, prática que se prolongou pela Idade Média e mesmo mais tarde, em situações de escassez de açúcar.

Os romanos consumiam grande quantidade de figos. Dos frescos escolhiam-se os de melhor qualidade para as mesas requintadas, sendo os inferiores destinados aos escravos. Em qualquer dos casos, não eram considerados como uma sobremesa, antes integrando requintados pratos ou frequentemente acompanhados com pão. Esta prática subsistiu em muitas regiões do mediterrâneo, lembrando-se aqui a tradição de, no Alentejo, se comerem os figos, na respectiva estação, como acompanhamento da açorda. Na verdade, os figos foram sempre considerados um bom mantimento, que Plínio recomendava aos atletas olímpicos e que acompanhou as legiões romanas nas suas campanhas, bem como os navegadores nas travessias dos oceanos.

Há muitas variedades, que se distinguem sobretudo pela cor da pele, basicamente branca/verde ou violeta/preto, e pela forma. Entre nós os mais apreciados são os «pingo de mel». Mas existem muitas outras espécies, consumidas um pouco por todo o País. De referenciar é o figo seco do Douro, registando-se no concelho de Murta vestígios de «fornos de secar figos», construções isoladas, construídas em granito, xisto e argila, semelhantes na sua forma e modo de funcionamento aos fornos de cozer pão, ao qual serviam de conduto e que testemunham a importância que aí tinham como reserva alimentar.

O figo preto de Torres Novas, aí massivamente cultivado, dava lugar a larga produção de aguardente e a passas de características específicas.

No Algarve, onde são considerados como «novidade de cada ano e mais certa do que o pão», os figos são postos a secar em grande esteira de cana, chamada «almeixar» (derivado da palavra «almeizar» que designa, em árabe, a «toalha de mesa»), por vezes introduzidos no forno depois de terminada a cozedura do pão, e guardados em arcas próprias, para servir de recurso alimentar durante o Inverno. A variedade mais usada é a da figueira Cótio, sendo os figos popularmente designados por figos «coitos», e chamados «de comadre», «de mercador» ou «de caldeiro», conforme as suas maiores ou menores dimensões. Com eles se preparam as Estrelas de Figo, especialidade regional em que em redor dos figos torrados e espalmados são espetadas amêndoas inteiras, e tradicionalmente consumidas no dia de Todos-os-Santos tal como os «figos cheios», recheados com amêndoa misturada com erva doce, açúcar, canela e, por vezes, chocolate. Ainda no Algarve, em tempos menos fartos, as gentes do Barrocal desciam ao litoral para trocar os figos secos por peixe ou bivalves. Para a serra levavam as necessárias proteínas, nos barcos seguiam calorias tão necessárias às rudes fainas da pesca. Em todos os casos, sempre foi o melhor acompanhamento para um cálice de aguardente de figo ou de medronho num encontro amigável.

À semelhança de outros países, em Portugal os figos integram muitos dos ritos tradicionais alimentares: dia de Todos-os-Santos, Natal, Ano Novo, Reis, festa de Nossa Senhora das Candeias e festividades de Maio (onde está necessariamente presente o Queijo de figo ou de Maio). Deliciosos são ainda os figos cristalizados ou em calda.

Em suma, digamos que o seu carácter sempre apetecível está na base da expressão «chamar-lhe um figo», correspondendo ao desejo de comer gulosamente alguma coisa que se considera deliciosa e irresistível.

Experimente esta pequena doçura

Espalme dois figos coitos ou outros, grandes e dê-lhes dois golpes em cruz, abra os figos, e grelhe rapidamente um deles, sobreponha-os desencontrados, ficando o grelhado para cima. Obterá assim, uma flor de oito pétalas. Para finalizar deixe escorrer um pouco de mel no meio e sirva «as flores de figo» com um gelado de limão ou de outro de sabor suave.

ALTO ESTÁ, ALTO MORA. EM ABRINDO A BOCA, LOGO CHORA

Quentes e boas!

É o pregão que resiste ao tempo e ao esquecimento, são as castanhas, que tisnando-se à esquina das ruas, anunciam o doce frio do Outono espalhando no ar o seu peculiar aroma a aconchego. Há quem ainda lhes chame «fruta-pão», lembrando de como alimentou gentes em épocas de fome tornando-se a providência dos nossos antepassados mais pobres. Hoje é alimento supérfluo, uma guloseima, um luxo, e quando envolta em papel dourado, responde pelo nome de «*marron glacé*» (castanha cristalizada).

Recordemos-lhe então as origens.

A castanha, que em botânica tem o nome de *Castanea Sativa mill* é o fruto do castanheiro, árvore imponente, merecedor da nossa admiração, que se apraz bem connosco, estendendo a sua presença do Alentejo Norte, à Beira Alta e atingindo maior expressão em Trás-os-Montes. Permitam-me pois que cite aqui o que a seu respeito Miguel Torga escreveu em *Um Reino Maravilhoso* no seu mais que maravilhoso livro *Portugal*, quando nos fala, do que dá aquela terra que segundo ele é «onde Portugal é grande» e se chama Trás-os-Montes.

«...Mas nada como um fruto que cai dumas árvores altas, imensas, centenárias, que, puras como vestais, parecem encarnar a virgindade da própria paisagem. Só em Novembro as agita uma inquietação funda, dolorosa, que as faz lançar ao chão lágrimas que são ouriços. Abrindo-as, essas lágrimas eriçadas de espinhos, deixam ver numa cama fofa o tal fruto singular — a castanha...»

Singular é também sua mãe, a árvore que lhe deu a vida. A história diz o castanheiro originário da Ásia Menor. Friorento, é afeiçoado à altitude, apreciando os climas algo temperados, contentando-se com terras pobres desde que ácidas. Pode viver mil anos. Em Carrazedo de Montenegro, grande centro de produção de castanha, repartem-lhe a vida em três fases: «300 anos a crescer, 300 anos em seu ser, outros 300 a morrer». A madeira do seu tronco, não é a sua menor riqueza e quando a natureza ajuda, à volta do pé, podem crescer das mais variadas e melhores espécies de cogumelos. Floresce pela primeira vez aos vinte anos situando-se a sua idade mais fecunda entre os 40 e os 60 anos, quando pode atingir de 25 a 35 metros de altura. Há quem se gabe de conhecer castanheiros cujo tronco mede 12 metros de diâmetro. Curiosa é também a forma como as flores douradas do castanheiro polinizam, tanto mais estranha quando se sabe que o castanheiro repele naturalmente os insectos: como as flores, macho e fêmea, não amadurecem ao mesmo tempo, são o vento e os insectos, que as fecundam. É por volta de Abril-Maio que isto acontece, quando a Primavera desperta a natureza. Frutos só no fim do Verão, nunca antes de Setembro e como frescos, nunca depois do Natal. Para as conservar para além desta curta época, a melhor maneira, desde sempre, é a secagem e a castanha passa a chamar-se pilada.

A castanha portuguesa goza de grande prestígio como produto de grande valor comercial. Efectivamente, é do conhecimento comum ser a castanha portuguesa, nomeadamente, a de Trás-os-Montes, exportada para França, Itália e Espanha onde é transformada no produto mais sofisticado que se obtém a partir deste fruto, o «*marron glacé*».

Quatro zonas de produção de castanha em Portugal são merecedoras de DOP (Denominação de Origem Protegida): «Castanha da Terra Fria», nas variedades Longal (70%), Judia, Cota, Amarelal, Lamela, Aveleira, Boa Ventura, Trigueira, Martaínha e Negral. A variedade Longal caracteriza-se pela cor avermelhada, muito brilhante e estrias escuras longitudinais; calibre médio e compartimentação reduzida — o que a torna muito apta para o fabrico de «*marron glacé*». A zona de produção situa-se entre Alfândega da Fé, Bragança Mirandela e Vinhais. A «Castanha da Padrela», cuja zona de produção abrange algumas freguesias de Chaves, Murça Valpaços e Vila Pouca de Aguiar, é sobretudo proveniente da variedade Judia; a «Castanha dos Soutos da Lapa» é particularmente saborosa, de elevado calibre em especial na variedade Martaínha. A casca é de cor castanha avermelhada com estrias escuras e raramente compartimentada (apenas um fruto por casca). A sua produção estende-se por terras como Armamar, Tarouca, Lamego, entre outras. A «Castanha de Marvão» — Portalegre — é precoce na variedade Bárea, muito saborosa e doce, apresenta o perianto (casca) muito duro à semelhança das variedades também ali cultivadas, Clarinha ou Enxerta e Bravo.

Destas castanhas, de que grande parte é exportada, comercializam-se em Portugal, em fresco, seca (pilada) e em conserva, em puré, ou inteira, esterilizada ou em calda, em Vinho do Porto e congelada. A última, dada a sua excelente qualidade e calibre — de 1 só fruto por casca — ostenta na embalagem o título de «*marron*».

Ligada a épocas de grande pobreza, deixou de se fazer entre nós, farinha de castanha, de que nas zonas de produção se fazia pão. No panorama alimentar actual português, cabe hoje à castanha um papel de alimento de luxo ou de entretenimento — assada em magustos pelo São Martinho, alimento prazer, cozida e aromatizada com erva-doce ou barrada com manteiga ou, as mais das vezes, cozinhada segundo formatos importados, mais ou menos sofisticados: cite-se por meritória a frequente utilização minhota, como guarnição de carne, disputando com pequenas batatas a gordura escorrida dos saborosos rojões. Cozida em leite, constitui ainda, em certas aldeias do Minho e de Trás-os-Montes, o jantar preferido dos mais idosos. Justiça faça-se também aos mais tradicionalistas minhotos e transmontanos, que no Dia dos Fiéis Defuntos, nunca deixaram de fazer uma deliciosa e adocicada Sopa de Castanhas com Feijão. Há um dia no ano em que não é preciso evocar a tradição para convidar a castanha para a mesa, é no dia de São Martinho, justificando a prova do vinho novo e dando razão ao povo quando diz: «no São Martinho, castanhas e vinho».

A Versátil Castanha Portuguesa *De rústica ao luxo*

E se, por uma vez, não seguisse a tradição e transformasse a bela castanha portuguesa numa sobremesa com pergaminhos, fácil, moderna, muito saborosa a desafiar a cozinha de autor. Que me diz a um granizado de castanha tão antigo como o é hoje tão moderno!

Só precisa de: 1 kg de castanhas portuguesas (nesta receita o tamanho não interessa, pode usar das mais pequenas e mais baratas); 1 lt de leite gordo; 100 g de manteiga; 100 g de açúcar.

Dê um golpe profundo na casca e mergulhe os frutos em água a ferver. Passados 2 a 3 minutos de fervura, escorra as castanhas e retire-lhe a segunda pele. Agora vai precisar do leite, que vai derramar sobre as castanhas e junte a manteiga e o açúcar. Leve a cozer em lume brando e, estando as castanhas bem cozidas, passe tudo pelo *passe-vite* para obter um creme macio e homogéneo. Se eu tivesse um quadradinho de chocolate, juntava-o agora enquanto o puré está quente.

Passe um tabuleiro por água fria, deite aí o puré e leve ao congelador até a superfície parecer cristalizada. Na altura de utilizar, deite o agora já granizado, em copos ou espalhe-o sobre qualquer sobremesa requintada. Gostou? «*chic* a valer»!

Granizado à parte, já pensou que o puré de castanhas pode estar sempre no congelador pronto a usar?

A LARANJA
QUE ESPALHÁMOS
PELO MUNDO

A história da laranja é-nos contada de tão diversas maneiras que tenho de expor aqui as maiores dúvidas acerca do que sei do percurso do prestigiado citrino. Quando do ponto vista histórico afirmo o que quer que seja, relacionado com alimentos, consulto sempre um livro que é exaustivamente citado nos mais sérios trabalhos sobre a matéria. Refiro-me ao livro *L'alimentation et la Cuisine à Rome*, de Jacques André. A laranja não consta. Vários outros autores afirmam que a sua história não começou, como a de tantos alimentos, no Egipto, nem em Roma nem na Grécia antigas, e afirmam que a laranja nasceu na China onde era completamente desprezada. Foram os europeus, mais exactamente Vasco da Gama, que a trouxeram para o Continente Europeu no regresso da sua histórica viagem. Será deste pé de laranjeira que descendem as que ainda hoje são uma das atracções do Parque de Versalhes e que deslumbraram Luís XIV. Pelo efeito e perfume que exalavam, porque, para a sua mesa, o Rei Sol, importava-as de Portugal. Deve-se, aliás, aos portugueses a expansão da laranja no mundo. Se não vejamos: os italianos, quando querem comer laranjas como as nossas, têm de pedir a variedade *portogallo*. A maior parte das indígenas são das sanguíneas e o sumo que delas se extrai, pela cor, lembra sumo de tomate. Nos países árabes, até há bem pouco, chamavam-lhes *bortugal* e na Roménia dos tempos da ocupação turca ficou o mesmo nome. Também estamos na origem da melhor variedade de laranja que se conhece: a brasileira da Baía.

Como se vê, no que à laranja diz respeito, só temos motivos de orgulho. Melhor, teríamos, se fosse possível não vermos enterrar toneladas de boas laranjas algarvias e não nos servirem, em hotéis de 5 estrelas, sumo de laranja de pacote. Um escândalo! Adiante.

Riquíssima em vitamina C, a laranja faz hoje parte do pequeno-almoço dos melhores hotéis de todo o mundo, em sumo ou em doce.

É com um doce de laranja, muito bom, muito simples, e que pode ser feito em várias etapas, que vou ficar um pouco mais convosco.

Ingredientes para 6 frascos de doce: 10 laranjas portuguesas; 3,5 kg de açúcar.

Vamos aproveitar tudo, cascas e sumo. Graças ao reparo de um leitor, chamo a vossa atenção para o tratamento a dar às laranjas que possam ter sido expostas a produtos químicos. Depois de esfregadas com uma escova macia, mergulhe as laranjas em água a ferver durante um minuto. Passe por água fria corrente, retire a casca, o mais fina possível, corte-a em tirinhas ou pique-a na picadora. Esprema as laranjas, reservando o sumo e os caroços. Faça uma «boneca», metendo os caroços numa gaze. Deite cascas, sumo, «boneca» com caroços e 2,5 lt de água num recipiente de aço inoxidável e deixe assim até ao dia seguinte. Leve tudo a ferver uma hora. Deixe arrefecer, junte o açúcar e leve ao lume, mexendo de vez em quando, até que, deitando um pouco do doce num pires frio, este prenda e faça, desta vez, desejadas rugas profundas. Deite em frascos escaldados, encha-os até aos bordos, tape imediatamente e vire com a boca para baixo até arrefecer. Coma, de preferência, sobre torradas barradas com manteiga.

Quer uma entrada genuinamente tradicional e original à base de laranjas?

Laranja Azeitada Transmontana

Ingredientes por pessoa: 1 laranja já descascada; 1 colher de chá de azeite virgem extra transmontano; ½ dente de alho picado finamente; 2 pingos de piripiri.

Corte laranjas descascadas em rodelas, regue com o melhor azeite transmontano, espalhe por cima alho picado e piripiri. Vi isto na televisão feito pelo meu amigo *chef* Vítor Sobral e comi-o depois em Vila Flor. Trás-os-Montes não é apenas surpreendente pela sua dura paisagem, são também os seus costumes e a gastronomia que justificam a visita.

Farripas de Casca de Laranja

Sabia que uma boa laranja algarvia pesa, em média, 300 g e que, deste peso, 100 g — um terço — é quanto pesa a casca que geralmente não se come?

Mas como não é minha intenção, com esta contabilidade, prejudicar de qualquer modo as perfumadas e sumarentas laranjas algarvias, venho, qual formiguinha da fábula, trazer-lhes uma sugestão para o aproveitamento das cascas, transformando o que habitualmente deita fora como lixo, numa delícia, a oferecer aos seus amigos a acompanhar uma chávena de café. Farripas de Casca de Laranja é o nome da minha proposta. São aquelas tirinhas de casca de laranja cristalizada que a maior parte das vezes nos aparecem envoltas em chocolate.

Seguindo à risca a receita que lhe dou, vai conseguir fazê-las tão tenras como aquelas que lhe trouxeram da Bélgica.

Ingredientes para as Farripas de Casca de Laranja: cascas grossas de laranjas do Algarve; açúcar pilé; água.

Escolha laranjas com a casca muito grossa. No Algarve há as de casca fina para sumo e as outras para sobremesa. É das últimas que deve aproveitar as cascas. Antes de as descascar, lembre-se de que desta vez, como nem as cascas vão escapar, lave-as muito bem esfregando--as com uma escova macia. Retire as cascas em gomos, depois corte-as em tiras finas e ponha-as de molho em água fria de 4 a 5 dias, mudando a água sempre que puder, mas pelo menos duas vezes ao dia. Mantenha o recipiente no frigorífico. Quando a água se apresentar incolor, passe à segunda parte: meça as cascas — depois de demolhadas ficam maleáveis — e por cada chávena de cascas às tirinhas tome ½ chávena de água e 1 de açúcar. Junte cascas, água e açúcar num tacho e leve ao lume até que a água fervilhe, melhor, até que a água esteja resvés com a fervura. Não ultrapasse esta temperatura, sob pena do vidrado das cascas enrijar e depois se agarrar aos dentes. Isto vai levar-lhe umas boas 2 horas. Quando a calda tiver praticamente desaparecido — atenção não deixe o açúcar corar e fazer caramelo — retire as cascas com a ajuda de dois garfos e, separando-as, deite-as num prato com açúcar. Passe--as novamente, uma a uma, por novo açúcar e deixe-as secar sobre uma rede até ao dia seguinte. Depois, é comer ou guardar em caixas que fechem hermeticamente.

Querendo envolver as farripas em chocolate, suprima a segunda passagem pelo açúcar e depois de bem secas, passe as farripas, uma de cada vez, por chocolate preto derretido.

UMA ESTRANHA FAMÍLIA

Que estranha família esta a das *Cucurbitáceas*, tão diferentes umas das outras na cor, no tamanho e no sabor! Há as verdes, laranja, amarelas, brancas; rechonchudas, compridas, gordas, fininhas, lisas, enrugadas, com gomos e até em forma de turbante! Podem comer-se no estado imaturo, caso da curgete, ou completamente maduras. Os botânicos dividem-nas em cinco grandes grupos, mas é tudo muito confuso. Se pensarmos que da mesma família fazem parte os melões e os pepinos, creio que me compreenderão...

Embora o Dia das Bruxas, em que são muito faladas, só aconteça uma vez em cada ano, é das abóboras que vou falar. Ora é justamente neste ramo da família que as diferenças são mais acentuadas. Quanto às suas origens, uns dizem que gregos e romanos já cuidavam da pele com o óleo que extraíam das suas sementes, enquanto que outros afirmam que foi uma lembrança que Colombo nos trouxe da América, mais exactamente, pontificam uns, do México. Mesmo na dúvida, creio que nos ficará bem deixar aqui o nosso agradecimento.

A abóbora parece agradar-se entre nós, pois cresce e multiplica-se sem grandes exigências o que faz dela um produto bom e barato que utilizamos das mais diversas maneiras, para vários fins e ocasiões. Citando apenas as variedades mais conhecidas, lembro-lhes quantos momentos de prazer devemos à carneira, também conhecida por *Lagenária Ser*, quando a trincamos cristalizada, como tão bem a fazem no Porto, e à chila, imprescindível nalgumas das melhores obras da nossa doçaria conventual. E no Natal, sim, o que seria do nosso Natal sem o contributo da abóbora-menina? Com ela, fazemos os deliciosos bolinhos de jerimu nortenhos; os brinhóis alentejanos, as filhós beirãs, ...

Não posso contudo deixar de lhes lembrar ainda o doce aveludado que empresta às sopas de legumes e como perfumada com coentros a boa companhia que faz ao peixe frito no Alentejo!

Como já conhecem todos os cozinhados de que falei, proponho-lhes hoje um pouco de evasão, que é ao mesmo tempo uma homenagem, transmitindo-lhes uma receita de abóbora que se faz na sua terra de origem, como acredito que seja, a América.

Tarte de Abóbora

Para a caixa da tarte: 250 g de farinha; 2 colheres de sopa de açúcar; ½ colher de café de sal fino; 125 g de manteiga; 1 ovo; 1 colher de sopa de leite.

Para o recheio precisa de: 1,5 kg de abóbora-menina; 30 g de manteiga; 1 colher de café de sal; 150 g de açúcar amarelo; 2 tiras de casca de limão; 150 g de nozes raladas; 3 ovos; ½ colher de café de canela em pó; ½ cm de gengibre fresco ralado.

Comece pela preparação da massa, que só ganha se for feita de véspera: peneire a farinha com o açúcar e o sal para uma tigela, junte a manteiga bem fria e em quadradinhos, esfarele tudo com as pontas dos dedos de modo a obter uma espécie de areia grossa. Junte o ovo e o leite e ligue tudo rapidamente, e sem amassar. Molde em bola, envolva em película aderente e ponha a descansar no frigorífico. Algumas horas depois, ou no dia seguinte, deixe a massa relaxar e estenda-a com a ajuda do rolo e de farinha de modo a obter uma «folha» e forre com ela uma forma de tarte. Pique a base da massa com um garfo e leve a cozer de 10 a 12 minutos em forno aquecido a 220 °C. Deixe arrefecer.

Agora o recheio: depois de preparada, corte a abóbora em cubos pequenos. Deite a manteiga num tacho e introduza a abóbora. Leve ao lume e, assim que vir vapor, junte o sal, o açúcar e as cascas de limão. Tape, reduza o lume para o mínimo e deixe cozer, mexendo até obter um puré espesso. Fora do lume, adicione as nozes, os ovos batidos, a canela e o gengibre ralado. Deite na caixa de massa já fria e leve a forno bem quente (220 °C) durante 15 minutos. Reduza o calor para médio (180 °C) e deixe cozer até a superfície estar bem dourada. Sirva polvilhada com canela.

Se já aceitou como normal acompanhar doces com um gelado (à americana), sirva ao mesmo tempo um gelado de baunilha do comércio.

Bolinhos de Jerimu*

Se os bolinhos de jerimu não podem faltar na Consoada minhota, que dizem ser a melhor do País, porque é que hão-de faltar na sua? São deliciosos, baratos e não custam nada a fazer. É assim: para maior facilidade, pode começar já a parte menos agradável, a cozedura e o escorrer da abóbora. Veja se lhe agrada esta sugestão: logo que lhe seja possível compre 2,5 kg de abóbora-menina ou jerimu. Descasque-a, corte-a em bocados e coza-a no mínimo de água (cerca de 1 copo) temperada com sal. Sem a reduzir a puré, meta a abóbora num saco de pano, ate-o com uma guita forte e pendure-o até ao dia seguinte. De vez em quando, aperte o saco de modo a retirar o máximo de líquido, quanto mais água tirar, melhores ficarão os bolinhos. Guarde o puré num recipiente que possa ir ao congelador e congele.

Na altura de utilizar, deixe descongelar o puré, deite-o numa tigela e junte-lhe 60 g de farinha peneirada com 1 colher de chá (rasa) de fermento em pó; 5 gemas (ovos médios); 5 colheres de açúcar; a raspa da casca de 2 limões e um cálice de Vinho do Porto (0,5dl). Mexa para misturar bem e, se for fritá-los imediatamente, bata as claras em castelo bem firme com uma pitada de sal e misture com o preparado anterior, por várias vezes.

Frite os bolinhos em óleo bem quente (175 °C) moldando-os com a ajuda de duas colheres, como se estivesse a fritar pastéis de bacalhau. Escorra os bolinhos sobre papel absorvente. Deite-os numa taça e polvilhe com açúcar e canela ou regue-os com uma calda de açúcar.

Se lhe der jeito, prepare a base dos bolinhos, reserve no frigorífico e quando puder, bata as claras em castelo, misture-as e frite os bolinhos.

Eu gosto mais destes bolinhos fritos e polvilhados de véspera

Depois de tudo o que dela relembrei não acha uma injustiça, entre nós, considerar-se a abóbora o símbolo da estupidez? Ela, que para os chineses é a imagem da vida e da fecundidade!

*jerimu é a palavra minhota para a espécie a que em todo o País se dá o nome de abóbora-menina.

ARROZ-DOCE
E CASAMENTOS

«E se, de repente», baterem à porta e ao abri-la, deparar com uma moçoila acompanhada da mãe e do noivo, que lhe oferece um prato de arroz-doce com as iniciais do seu nome desenhadas a canela… desconfie. Esta amabilidade, pode ser simples só na aparência e esconder um interesseiro convite para um casamento ou, ainda pior, ser apenas a participação do mesmo, o que não o desobriga de retribuir a oferta da mais portuguesa das doçuras. Dias depois o prato será recolhido, onde, se não quer fazer má figura, mesmo a contragosto, meteu algumas notas. Este risco correm os que moram para os lados de Coimbra onde este costume ainda é prática corrente.

De tanto ouvir falar em casamentos abençoados por Santo António, e dos que sei que depois virão de longe com os nossos conterrâneos, para quem casar é só na nossa terra, tanto casório levou-me a pensar no obrigatório Arroz-doce da Festança e na dificuldade em acertar na receita que a maioria apreciará. Gostaria de dar aqui uma ajuda, mas sei como isso é praticamente impossível. Há quem só goste dele amarelo como o oiro e os que só se satisfazem com o branco como a neve; para alguns tem que ser cremoso a lembrar o «malandrinho doce», para outros só vale o que se corta à faca e se come à mão, à laia de *pizza*, como é de uso em

Alcochete. Todos exigem, unânimes, que sejam artisticamente bordados a canela.

Peço licença para deixar aqui as receitas dos que mais aprecio e que onde justamente entra o que obriga a retribuição.

Arroz-doce à Moda de Coimbra

(para 12 pessoas)

150 g de arroz carolino; 3 lt de leite; 200 g de açúcar; 4 tiras de casca de limão; canela em pó.

Ferva o leite com a casca de limão e deixe de infusão. Entretanto, leve um tacho ao lume com 5 dl de água (sem sal), deixe levantar fervura e adicione o arroz. Deixe cozer 3 a 4 minutos. Agora, a pouco e pouco, vá adicionando o leite quente e mexendo sem parar, como se estivesse a fazer um *risotto*. Só que, neste caso, o arroz leva cerca de 1 hora a absorver o leite. Junte o açúcar e deixe ferver um pouco mais. Deite o arroz-doce em pratos ou travessa, deixe arrefecer e enfeite com canela em pó.

Como tenho a pretensão de lhes ter passado a melhor receita de arroz-doce, fico à espera do envelope.

Arroz-doce Cremoso

50 g de arroz carolino; 3,5 dl de água; ½ pau de canela; 1 casca de limão; 5 dl de leite; 2 gemas; 6 colheres de sopa rasas de açúcar; canela em pó.

Introduza o arroz num tacho com o fundo espesso, regue com a água, junte o pau de canela, a casca de limão e umas pedrinhas de sal. Leve a lume brando e deixe cozer suavemente 20 minutos.

Junte o leite a ferver e deixe cozer durante mais 30 minutos, vigiando e mexendo de vez em quando.

À parte, desfaça as gemas, junte-lhes um pouco de arroz quente e, fora do lume, adicione à totalidade do arroz. Leve a lume muito branco, mexendo, apenas o tempo necessário para cozer as gemas (1 minuto ou 2). Deixe arrefecer um pouco, junte o açúcar e misture.

Deite em pratinhos ou numa travessa e enfeite com canela em pó.

Dá 6 doses.

Nota: Se juntar as gemas ao arroz acabado de cozer, não é necessário voltar a levá-lo ao lume. O calor concentrado no arroz é suficiente para cozer as gemas.

Arroz-doce com Ideias Novas

4 tiras de casca de limão; 2 tiras de casca de laranja; 1,5 lt de leite; 3,5 dl de água; ½ colher de café de sal; 225 g de arroz carolino; 5 gemas; 225 g de açúcar; frutos frescos para enfeitar (alperches, ou rodelas de ananás em calda e alguns morangos ou framboesas)

Para o *coulis* de frutos: 250 g de frutos macios bem maduros; 1 colher de açúcar (facultativo); 1 colher de sopa de sumo de limão ou de um licor a gosto.

Junte as cascas de limão e de laranja ao leite, leve a ferver e deixe de infusão. Deite a água e o sal num tacho, leve ao lume e assim que ferver adicione o arroz carolino, em chuva. Mexa e deixe cozer suavemente até a água evaporar. Adicione o leite quente e deixe cozer o arroz com o lume muito brando, mexendo de vez em quando.

Entretanto, bata as gemas com o açúcar até ter um preparado fofo e esbranquiçado. Fora do lume, retire as cascas dos citrinos (reserve 2 de limão) e junte uma boa porção do arroz quente às gemas, mexendo vigorosamente. Misture tudo e leve novamente a lume suave, mexendo, até o preparado espessar e se «ver o fundo do tacho». Retire do calor e deixe arrefecer à temperatura ambiente, sem solidificar. Pique finamente as duas cascas de limão reservadas e junte ao arroz.

Unte os cinchos (argolas) com um óleo sem sabor e disponha-os num tabuleiro forrado com papel vegetal anti-aderente. Encha os cinchos com o arroz, calcando--o. Leve ao frigorífico durante algumas horas.

Para desenformar, passe uma faca fina entre os cinchos e o arroz e desenforme para o prato de serviço. Enfeite com frutas frescas e contorne com um *coulis* de frutos (morangos, framboesas, alperches, quivis, etc)

Nota: Para fazer o *coulis*: esmague os frutos (muito maduros) e passe o *coulis* por um passador de rede.

Arroz Amarelo e do Outro

(para 8 a 10 pessoas)

Cerca de 7,5 dl de molho de assar carne, ou de cozer galinha ou do cozido ou a mistura dos caldos ou molhos de que dispuser; 3 chávenas almoçadeiras de arroz carolino ou agulha; 1 colher de sopa de açafrão ou de açafrão-das-índias; 1 colher de sopa de vinagre.

Misture os vários molhos ou caldos: o caldo resultante deverá ser bastante gordo. Se for necessário, junte, para o efeito, um pouco de banha. Mexa o caldo, que deve ter 1 ½ vez o volume do arroz, isto é: para 3 chávenas almoçadeiras, 4 chávenas e ½ almoçadeiras de caldo. Rectifique o sal. Divida este caldo ao meio e leve ao lume em tachos separados.

Lave, escorra e divida o arroz ao meio.

Quando os caldos ferverem introduza o arroz. Quando este estiver quase cozido, retira-se de um dos tachos um pouco de caldo onde se dissolve o açafrão. Junte a um dos tachos, assim como o vinagre, e deixe acabar de cozer sobre lume brando.

Depois de pronto deite em travessas, sendo metade da travessa cheia com o arroz amarelo e a outra metade com o branco.

Prato tradicional servido nos casamentos em Alpalhão como acompanhamento do assado. Do mesmo arroz é uso enviar um prato a todas as pessoas amigas. Este arroz, desde que confeccionado para o efeito, por pequeno que seja o prato em que é oferecido, é sempre apresentado dividido: metade amarelo e metade branco. O amarelo é também usado noutras zonas da província em dias de casamentos ou de festividades.

PUDIM FLAN, UM PEQUENO GRANDE PRAZER

Há quanto tempo não come um bom pudim flan? Antigamente, o Pudim Flan era nos nossos restaurantes a «sobremesa fatalidade». Passada a moda da famigerada tarte de amêndoa, temos hoje, a fatalidade das «mousses de manga e do maracujá». Se foi o facto de desconfiar, ou de ter a certeza, que o nosso amado pudim era o fruto de um pó de pacote, desculpe desiludi-lo, mas começo a desconfiar que a manga das tais mousses não cresceu propriamente numa mangueira.

É uma pena que o Pudim Flan tenha caído em desuso. Bem feito, tem tudo para agradar como sobremesa. Uma textura e um sabor extremamente requintados. É um clássico excelente para complementar, do ponto de vista nutricional, uma refeição ligeira onde a ausência de proteínas se faça sentir. Se duvida, passe em revista os ingredientes que o compõem e o modo de o fazer.

O leite: branco e puro é rico em cálcio e proteínas de grande valor biológico. Nenhum leite tratado rivaliza em aroma com o leite cru, embora seja obrigatório fervê-lo cerca de 10 minutos antes da utilização. Na sua falta, um leite completo, pasteurizado ou mesmo esterilizado, serve. Tem é que ser completo, fresco e respeitar o prazo de validade.

Os aromas: a oportunidade de um «toque» pessoal. A baunilha em vagem é o seu aroma de eleição. Nós preferimos-lhe a casca de limão. Nada nos impede de o personalizar, aromatizando-o segundo as nossas preferências. Sugestões: anis estrelado (badiana) para uma nota original; mais inesperado ainda, uma haste de tomilho.

Os ovos: simbolizam a vida; proteínas e vitaminas são o seu forte. Só ovos rigorosamente frescos nos garantem o clássico e requintado sabor do Pudim Flan. A quantidade não tem que ser rigorosa: de um número de gemas superior ao dos ovos inteiros resulta um pudim mais macio: para 2 ovos inteiros, 4 gemas, por exemplo. Bater bem antes de juntar o leite quente e passar a mistura por um passador.

O açúcar: o sabor de que gostamos, usado moderadamente. Aceita recomendações saudáveis, não se quer muito doce: para ½ litro de leite apenas 125 g de açúcar. Pode ser do refinado, mas o açúcar amarelo transmite-lhe um sabor único. Dissolve-se no leite quente.

O caramelo: a sua cor «enche o olho». Deve ser apenas dourado e ficar pronto em 5 minutos. O caramelo escuro, amarga. Um recipiente pequeno e com o fundo espesso, é indispensável. Deite 2 a 3 colheres de sopa de água no recipiente e junte 150 g de açúcar refinado e 1 gota de vinagre (para o tornar mais plástico). Misture e aqueça suavemente só para derreter. Aumente o calor, sem mexer (cristalizaria) e vigie a cozedura do xarope inclinando o recipiente até alourar (cor de caramelo). Retire do calor, deite imediatamente na forma, inclinando-a de modo a cobrir o fundo e os lados. Leve ao frigorífico até utilizar.

Um pormenor: a forma. A da «*charlotte*» (sem chaminé) é a ideal. Na sua falta, a chamada «forma para pudim» (com chaminé), também serve.

A única dificuldade: a cozedura. Exceptuando a cozedura em microondas, sempre em banho-maria, nunca a seco. O melhores resultados obtêm-se no forno aquecido a 180 °C e em banho-maria. Para ½ litro de leite, cerca de 30 minutos bastam para, ao tocar-se a superfície, não se pegar aos dedos, não sólido (deve tremer). É possível cozer, e bem, o pudim flan na panela de pressão: deite 2 cm de altura de água na panela, introduza a forma bem tapada (com folha de alumínio), feche, deixe levantar pressão e mantenha 6 minutos para ½ litro de leite. Nunca aqueça demais para evitar a formação de buracos e a consequente saída de líquido.

Para desenformar, deixe arrefecer completamente. Havendo dificuldade, mergulhe apenas o fundo da forma em água quente (para derreter o caramelo), enxugue a forma e desenforme.

A receita

Forre a forma com caramelo (150 g de açúcar e 3 colheres de água) e leve ao frigorífico. Ferva 5 dl de leite completo com 1 tira de casca de limão. Junte 125 g de açúcar e deixe arrefecer um pouco. À parte bata 2 ovos inteiros com 4 gemas (só para misturar bem) e dissolva com o leite ainda quente. Passe por um passador e deite o preparado na forma. Introduza a forma num recipiente um pouco maior, onde já se encontra água bem quente em quantidade que atinja meia altura. Leve ao forno aquecido a 180 °C, cerca de 30 minutos, deixe arrefecer completamente e desenforme para o prato de serviço.

… E, EM 1898, ESCOFFIER INVENTOU *LA PÊCHE MELBA*

Há nomes que não podem ser ignorados por quem se interessa por gastronomia. Assim como o melómano não pode desconhecer que Wagner compôs o *Navio Fantasma* e Beethoven *Fidélio*, o nome e a obra de Auguste Escoffier (1846-1935) tem que ser parte do horizonte do conhecimento do gastrónomo.

Vem isto a propósito de numa crónica ter referido o nome de Escoffier, corrigindo o erro corrente de ser sua a criação, sublime, diga-se, dos crepes Suzette. Escoffier não se limitou a criar receitas ainda hoje famosas, ele foi, e ainda o é, nome maior, da cozinha dita erudita, dos profissionais. Hoje, Escoffier, é um clássico, mas na sua época foi um moderno, um revolucionário. A ele se devem a simplificação dos «menus» ao tempo carregadíssimos, a exclusão de molhos pesadíssimos em moda, mas, e sobretudo, a fixação das fórmulas que são, ainda nos nossos dias, o suporte das criações e invenções que nos surpreendem. Sem as conhecer, o «cozinheiro autor» comparar-se-ia a um arquitecto que desconhece as regras da construção.

Auguste Escoffier, o primeiro cozinheiro a receber a *Légion d'honneur,* foi pelos seus pares considerado «o rei dos cozinheiros» e «o cozinheiros dos reis». Ele, modestamente, dizia-se o embaixador dos cozinheiros, mas foi, como nenhum outro, o Embaixador da Cozinha Francesa.

Em traços largos: começou como *marmiton* (aprendiz) com 13 anos apenas, no *Petit Moulin Rouge*, onde voltaria depois da guerra mas já como *chef*.

Com César Ritz, que conheceu em Monte Carlo, abre em Londres o célebre Savoy, e será nesta cidade que se reformará aos comandos do Carlton. A sua casa na Provença é hoje o *Musée de l'Art Culinaire*.

Escreveu livros tão importantes como *Le Livre des Menus*, *Ma Cuisine* e em co-autoria o indispensável *Le Guide Culinaire*, ainda dos nossos dias, considerado a bíblia da cozinha. Inventou receitas, hoje clássicos, com que homenageou príncipes e mulheres célebres. A nós portugueses, distinguiu-nos, reconhecendo que ninguém como nós sabe cozinhar o bacalhau e atribuindo-nos a autoria das célebres Perdizes Alcântara, também consideradas suas pelos espanhóis, como é relatado, em circunstâncias idênticas, pelo famoso *chef* Cândido, de Segóvia, no livro de que foi autor. Se Nelly Melba, célebre cantora australiana não o tivesse convidado para assistir ao seu desempenho na ópera *Lohengrin*, não conheceríamos a magnífica sobremesa que Escoffier criou em sua homenagem. Infelizmente foram poucos os que a viram em todo o seu esplendor: disposta em taça de prata, incrustada num bloco de gelo com a forma de um cisne, em alusão ao mítico cisne que aparece no primeiro acto da célebre ópera, tudo coberto com fios de açúcar.

No seu livro *Ma Cuisine*, Escoffier dá-nos assim a receita por si simplificada: encher taças até ¾ da altura, com gelado de baunilha; dispor por cima ½ pêssego maduro mas de polpa firme e escalfado num xarope leve aromatizado com baunilha, com a parte exterior sobre o gelado; encher a cavidade com «massapão pralinado» (massa de amêndoa feita com o fruto confitado em caramelo) imitando o caroço; cobrir com puré de framboesas a que se adicionou uma pequena porção de creme *chantilly* e cobrir tudo com um leve véu de fios de açúcar.

A confecção da famosa iguaria, só não estará ao alcance de quem, dizendo-se *chef*, não conhece as bases da gramática da cozinha. Hoje, estou certa, de que à semelhança do que se passa entre nós, o Chef não resistiria a substituir as amêndoas por cardamomo bem verde, porque escaldado e pelado. Na esperança de vos facilitar ainda mais a confecção da deliciosa sobremesa, fui procurar num livro de receitas de cozinha para a família e vejam o que encontrei:

Numa caçarola, deite 2,5 dl de água, junte 125 g de açúcar e, sobre lume brando, deixe ferver entre 8 e 10 minutos para obter um xarope. Introduza quatro pêssegos de polpa amarela inteiros e deixe escalfar 8 minutos. Escorra-os, corte-os ao meio, retire o caroço, pele-os e deixe arrefecer completamente os pêssegos. Encha as taças de champanhe com gelado de baunilha (do comércio) disponha por cima meio pêssego, calcando, regue tudo com doce de framboesas, polvilhe com amêndoas lascadas e enfeite com arabescos de creme *chantilly*.

Este não é coberto com o «manto diáfano» dos fios de açúcar, mas eu teria dificuldade em escolher entre um dos dois e chamaria igualmente a estes últimos *Pêches Melba*, apesar de simplificada, respeita a matriz.

AFINAL, QUEM ERA SUZETTE: DONZELA OU CORTESÃ?

Reparo que agora, mais do que pelas receitas, as pessoas que se interessam por gastronomia, mostram maior curiosidade pela história dos pratos que comem. Considero a atitude saudável do ponto de vista cultural. Acredito que os pratos com que frequentemente lidamos, sejam eles regionais nossos ou de outros, à semelhança de tudo o que acontece na vida e deixou marcas, têm um passado, um presente e um futuro. Não vou aqui alongar-me com a História da Alimentação, de que não desconheço o importante contributo para o conhecimento da Humanidade, mas apenas falar de estorietas que correm, em conversas ditas de salão, sobre pratos ou manjares que atingiram o estatuto de celebridade. Estou pessoalmente convencida de que a maior parte dessas estórias não passa de fantasias, mais ou menos bem alicerçadas. Vem isto a propósito de uma conversa que ouvi num restaurante, que não sendo comigo, era seguramente para mim, dado o tom em que era falada.

Tratava-se da história dos Crepes Suzette. Confesso que, quando comecei nestas lides e se usavam os «chamaréus» nas salas dos restaurantes, não fui indiferente à história do saboroso pitéu a que chamarei, sobremesa-espectáculo.

Como sempre, do que a propósito chegou ao meu conhecimento, não existe apenas uma estória, mas duas. Ambas assentes na galanteria do Príncipe de Gales que veio a ser o simpático Eduardo VII.

Precisemos o indispensável, e isto de uma vez por todas: não foi Escoffier que inventou os Crepes Suzette. Este encontrava-se em Londres na altura, e as duas estórias passam-se na Côte d'Azur.

Tendo o ainda Príncipe de Gales convidado para jantar, no restaurante *Café de Paris* em Monte Carlo, uma lindíssima morena, pediu ao *chef* que lhe fosse servido, como sobremesa, qualquer coisa de muito especial. A escolha recaiu nuns nunca vistos crepes aromatizados com sumo de tangerina e Curaçau que, consta, não estava previsto serem flamejados. À época era moda as sobremesas terem um acabamento na sala, sobre «*rechauds*». Por distracção ou talvez não, o *maître d'hôtel* deixou incendiar o álcool o que provocou no Príncipe e na sua acompanhante um gritinho de admiração. Encantado, Eduardo quis saber o nome de tão inusitada sobremesa. Ao inclinar-se respeitosamente para a convidada do Príncipe, este achou a ideia excelente. E foi assim, segundo uns, que nasceram os Crepes Suzette.

Numa versão mais adequada a contar aos netinhos no final do jantar de um domingo, o Príncipe comeria os famosos crepes quando uma linda jovem lhe veio vender um raminho de violetas. Deliciado com a sobremesa ainda sem nome, o Príncipe ter-lhe-á dado o nome da pequena «violetera», Suzette.

Claro que a história dos crepes não começa aqui, e sem entrar na ciência ou na Grande História, parece que o primeiro crepe terá sido comido pelo mago Merlim que o comeu da mão da fada Viviane. Não é apenas atrás de um grande homem que há sempre uma mulher... no melhor da cozinha, também.

A receita que a seguir vos transmito é da autoria de Escoffier, o «Rei dos cozinheiros». E também conhecido como o «Cozinheiro dos Reis».

Crepes Suzette

Para a massa de crepes: 100 g de farinha; 3 ovos; raspa da casca de 2 tangerinas (ou de 1 laranja); sal; 2,5 dl de leite; 50 g de manteiga.

Para o acabamento: 100 g de manteiga; 100 g de açúcar em pó; sumo de tangerina (cerca de 2 dl); 2 cálices de licor Curaçau*.

Prepare a massa de crepes com os ingredientes indicados com a excepção da manteiga e deixe a massa descansar, pelo menos 1 hora. Na altura de os cozer, junte a manteiga derretida e coza os crepes como habitualmente. Mantenha-os quentes.

Para o acabamento: bata muito bem a manteiga, até ficar muito lisa. Batendo sempre, adicione o açúcar em pó, um cálice de Curaçau e o sumo de tangerina.

Barre o interior dos crepes com a manteiga e dobre-os em quatro leques. Cubra os crepes bem quentes com o que restar da manteiga, polvilhe com um pouco de açúcar em pó e regue com o restante Curaçau. Sirva em pratos quentes.

Nota: Para manter os crepes bem quentes até à altura de servir, coloque-os no prato de serviço e ponha este sobre um pequeno tacho com água a ferver.

* pode eventualmente ser substituído por igual quantidade de Tríplice ou Beirão.

A LINHA
E AS SUAS AREIAS

«Leitor amável — que entras na moderna e simpática estação do Cais do Sodré, compras o teu bilhete, tomas lugar no óptimo comboio eléctrico, e não lanças ao caminho que percorres até Cascais um olhar aguçado pela curiosidade erudita. Não sabes o que perdes!»

É assim que começa a narrativa do que foi a «Linha de Cascais» até 1943, no livro *Memórias da Linha de Cascais*, que, para nossa felicidade, foi publicado em edição fac-similada num iniciativa conjunta das câmaras de Cascais e de Oeiras.

Percorri as 370 páginas, e foi com verdadeiro encanto e alguma nostalgia que recordei as duas épocas escolares que vivi em São João do Estoril entre os meus 17 e 19 anos. Já então a Linha existia. As autoras, as escritoras Branca de Gonta Colaço e Maria Archer, começam por nos dizer que «a Linha de Cascais é tão curiosa que começou por não existir...» para depois em pormenor nos informarem de como e por quem se foi construindo, de como os palacetes se foram erguendo e mudando de mãos, etc.

Em vão procurei qualquer referência à gastronomia que à época ali se praticava. Apenas vagas referências a inaugurações de hotéis sem nos dizerem de que constavam os banquetes, se é que os houve. Apenas uma que vale pela curiosidade... «o chão calcáreo de Carcavelos a Cai Água (hoje São Pedro do Estoril) dava um belo vinho...»

Na época, não se usava falar de comida, tal era mesmo criticado, e as duas escritoras não quiseram, seguramente, pôr em dúvida a sua reputação de mulheres avançadas para a época...

Sabemos que, ao tempo, já se saboreavam os belos sargos e robalos como só ali se pescam, mas referi-lo com emoções, era despropositado.

Cascais perdeu certamente algum do encanto relatado, mas, em termos gastronómicos, pode hoje orgulhar-se de contar com alguns dos melhores restaurantes do País a merecerem a deslocação. Ali se comem os melhores mariscos que o mar dá e se come o melhor robalo, como nós gostamos, assado à portuguesa. Dos doces há lembranças. Evocam-se as Nozes de Cascais, as Areias e as Pratas.

É em socorro das Areias que aqui estou. Vejo-as por aí lindas, acomodadas em saquinhos a fingirem-se iguais ao que foram, mas... Feitas com gorduras vegetais. Ora as Areias de Cascais têm que ser feitas com manteiga e banha, pois só estas gorduras, embora em proporções variáveis, asseguram a textura evocadora das areias das praias da Conceição e da Rainha.

Porque hoje nos é permitido publicamente falar e trocar receitas, com a naturalidade com que citamos

Pessoa e Camões, aqui fica a receita das Areias de Cascais, mais ou menos morenas, tal como as areias das várias praias da Linha que vinham de Pedrouços e hoje chegam ao Abano.

Areias de Cascais

250 g de farinha; 50 g de açúcar pilé; 100 g de banha; 50 g de manteiga; açúcar pilé e canela (facultativo).

Peneire a farinha e o açúcar para uma tigela. Junte as gorduras frias e em bocadinhos e misture com a farinha, com as pontas dos dedos, de modo a obter uma areia grossa. Molde em bola e leve ao frigorífico para endurecer. Com as mãos, faça bolas do tamanho de uma noz. Disponha-as num tabuleiro, sobre papel vegetal. Achate ligeiramente cada areia calcando com um garfo passado por farinha. Leve ao forno aquecido a 160 °C, cerca de 10 minutos. Retire as areias do forno ainda brancas e, logo que lhes possa tocar com as mãos, passe-as por açúcar pilé a que juntou, ou não, um pouco de canela.

Nota: Para que as areias conservem a textura desejada, o açúcar tem de ser pilé.

Nozes de Cascais

Para a base das nozes: 250 g de amêndoas; 250 g de açúcar; 2 dl de água; 12 gemas; açúcar; 40 meias nozes.

Para o vidrado: 500 g de açúcar; 2 dl de água; 6 gotas de sumo de limão ou de vinagre.

Pele e rale as amêndoas. Leve o açúcar ao lume com a água e deixe ferver até fazer ponto de pérola (108 °C). Retire do calor e junte este xarope, em fio, às gemas previamente misturadas, mas não batidas. Junte as amêndoas peladas e raladas e leve o preparado novamente ao lume, brando, para espessar, mexendo sempre em movimentos de vaivém. Deite o doce numa travessa e deixe arrefecer completamente.

Depois, tenda a massa de ovos e amêndoas em bolinhas com a ajuda de um pouco de açúcar. Sobre cada bolinha ponha uma meia noz, carregando.

Entretanto, prepare o vidrado, levando o açúcar com a água a ferver até fazer ponto de rebuçado (125 °C). Retire o tacho do lume e adicione o sumo de limão.

Com a ajuda de dois garfos, passe as bolinhas, já com as nozes, pelo vidrado e ponha a secar sobre uma superfície untada com um óleo neutro ou óleo de amêndoas doces.

Depois de bem secas, com uma tesoura apare o vidrado que se espalhou para além das Nozes de Cascais. Finalmente ponha cada Noz de Cascais numa caixinha de papel frisado.

TEMPO DE MARMELADA

Esta minha vida de trabalho, que não escolhi mas que me caiu do céu, tem-me dado não só grandes alegrias como grandes lições. A receita da Marmelada de Odivelas, que hoje uso, para grande satisfação de familiares e amigos mais próximos, e que gostaria de partilhar consigo, reúne aquilo a que chamarei uma Lição de Generosidade.

Duas grandes bênçãos, dádiva e ensino. Digo porquê e como.

Quando, em 1961, tive a ideia de através de um concurso recolher o nosso receituário tradicional, muito dele conhecido apenas por via oral, vários «Velhos do Restelo» tentaram levar-me a desistir, argumentando que as melhores receitas se encontrariam em mãos avarentas, a pretexto de ciosas heranças familiares. Embora num ou noutro caso esta realidade se confirmasse, não lhes dei qualquer importância e fui em frente. O resultado é conhecido: milhares e milhares de receitas são hoje reconhecidos como património cultural ao alcance de todos. Mas há casos de dádiva que nos tocam mais do que outros.

O da receita da célebre Marmelada Branca de Odivelas vivi-o há poucos anos, e por isso, ou pela sua singularidade, está ainda muito presente no meu coração.

Lucinda Canto, trabalha a dias em Odivelas, onde procurou melhor vida do que a que lhe proporcionava a sua aldeia, o Coimbão, perto de Leiria. Com descendentes da Irmã Carolina Augusta, uma das últimas freiras do célebre Convento, aprendeu os segredos da famosa doçura.

Lucinda, não leu muitos livros, nem sequer jornais, mas sabendo que haveria de chegar o dia em que já não a pudesse fazer, nasceu dentro de si, por intuição ou sensibilidade, a vontade de passar a alguém este seu saber, que sentia ser de grande valia. Sabendo-me divulgadora destes saberes, a que chamam simples, por vezes só na aparência, Lucinda procurou-me, confidenciando-me a preocupação que a consumia: «não quero morrer sem transmitir a verdadeira receita da Marmelada do Convento de Odivelas, pois o que vejo por aí não corresponde ao nome. A Marmelada de Odivelas é branca e cheira a marmelo».

Na altura eu trabalhava na «Preguiça», genial invenção de Miguel Esteves Cardoso, e propus que na colaboração seguinte surgisse Lucinda Canto a fazer a *Marmelada de Odivelas*. Sabendo de experiência que isto de recolher receitas só pela escrita às vezes não funciona, lá fomos, fotógrafo, um jornalista e eu, assistir à feitura do que de melhor os portugueses fazem com um fruto que, de grosseiro, não se come cru.

Para fazer esta expedição, tivemos que aguardar três semanas, o tempo necessário para que os marmelos se encontrassem no devido ponto: nem muito grandes, nem pequenos, ligeiramente amarelos, mas ainda com «penugem», perfumados, mas abrindo espaço a alguns ainda verdes.

Partimos de 5 quilos de frutos e, daqui para a frente, atenção aos pormenores, que eles não aparecem aqui, nem para enfeitar a escrita e muito menos para complicar.

Pegue-se num tacho grande — nunca de alumínio, só aço inoxidável ou esmalte —, deite-se-lhe água até meia altura e ponha-se ao lume. Com uma faca de aço inoxidável, descascam-se os marmelos, retirando-lhes também o coração, por vezes duríssimo, aproveitando-se apenas a polpa macia; à medida que se descascam introduzem-se na água, que deve estar moderadamente quente — assim não escurecem. Mas atenção, a água só deve começar a ferver quando toda a fruta já lá estiver dentro.

Reserve-se num saco de plástico o desperdício da fruta — vai ver adiante como este pormenor é importante. Enquanto a fruta coze — cerca de 15 minutos —, façam-se e registem-se as devidas contas para avaliar o peso de açúcar necessário para transformar um coração duro num doce celestial. Agora, pese-se e registe-se o desperdício (o saco de plástico), subtraia esse valor aos 5 kg iniciais e teremos 3 kg de polpa. Agora, por 1 kg de polpa tomemos 1,250 kg de açúcar branco e puro, e por cada quilo de açúcar 2,5 dl de água da torneira — a água de cozer o marmelo iria escurecer a marmelada.

Observe-se agora a densidade da calda de açúcar: faz pérola? Não chega, tem de ferver até que, deitando uma colher de chá da calda numa chávena de água fria, o açúcar faça uma bola. Se tiver dúvidas, deite uma colherada da calda em água bem fria, deixe correr um minuto, recolha o açúcar já a fazer bola e deixe-a cair sobre a mesa. Se o ruído produzido for igual ao de uma pedra a cair, junte imediatamente a polpa de marmelo à calda e... sorte sua, desligue o lume — não vão acontecer salpicos, nem se vá queimar —, mas prepare-se para bater a marmelada com a colher de pau até que esta se mantenha ufana, em pé, sem apoio, no centro do tacho. E está quase pronta a branca, perfumada e célebre Marmelada do Convento de Odivelas. Deite-a em tigelas, conserve-a por uns dias ao ar, mas protegida de poeiras. Para a comer, tem de esperar até que à superfície da marmelada apareça como que uma fina camada de açúcar cristalizado.

E aqui está a delícia e a lição que nos deu Lucinda Canto, uma mulher que aos 7 anos se ocupou da criação de nove irmãos, aos doze trabalhava para sustentar a família e a quem ainda sobrou alma e coração para nos adoçar a vida com uma alva gulodice.

Esta conversa deixou-me de consciência tranquila, pois fiz o que a Lucinda queria, coloquei mais um tijolo no monumento que um dia será erguido em honra da alva Marmelada de Odivelas.

Missão cumprida.

A FESTA DO NATAL

Não há festa mais bonita do que a Festa do Natal. A mais forte e a mais sentida de todas as tradições portuguesas. A festa em que Portugal conserva inalterada toda a tradição, através dos tempos. É a festa alegre das crianças, mas também a festa da nostalgia dos mais velhos. A festa em que os risos disfarçam lágrimas e saudades dos ausentes. «A gente abraça silenciosamente as suas irmãs, a sua mulher ou os seus filhos, e sem saber explicar porquê, compreende que em nenhuma outra ocasião da sua vida esteve tanto no seio da família como nessa noite, à mesa da ceia, na véspera de Natal». Palavras, sentimentos expressos por Ramalho Ortigão, que, numa carta enviada de Paris, recordando a mesa dos natais da sua infância, afirma que «há um só banquete que desbanca todos os jantares de Paris, mas que os desbanca inteiramente: é a ceia da véspera de Natal nas nossas terras do Minho».

E não há espaço mais animado numa casa, pelo Natal, do que a cozinha! A cozinha, é nesse dia, o centro da casa.

«Era um barafustar de criadas, um chiar de sertãs, um borbulhar de caçarolas e tachos, um tinir de pratos, um tilintar de cristais no meio de uma babel de ordens, de perguntas, de reclamações, de conselhos, todos atinentes a negócios culinários.»

E é assim que também Júlio Diniz, em a *Morgadinha dos Canaviais*, nos deixa em plena Consoada minhota, a mais rica, a mais expressiva e a mais copiada das ceias do Natal português.

Está na hora de rolar os Bolinhos de Bacalhau, que aqui, não há Pastel de Bacalhau, a linguagem é também outra, mais carinhosa. Para os acompanhar, um Esparregado de Nabiças amorosamente criadas no quintal. A ceia é magra, mas farta. O bacalhau, de cura amarela, mas bem demolhado, aguarda a hora de se juntar à couve Penca friorenta, mas tenra porque repassada pelo orvalho da noite anterior, e às batatas farinhentas que um fio de fino azeite suavizará. O Polvo Guisado, esse nunca ficou tão tenro e saboroso! Aprontam-se as travessas para os Mexidos de Mel, rico em ovos e cheirosos a canela, as Rabanadas de pão cacete vindo expressamente da vizinha Galiza. É preciso verificar se os Bolinhos de Jerimu, também chamados de Bolinhos de Bolina, estão bem repassados da calda cheirosa ao néctar das escarpas do Douro. Se os Codornos estão suficientemente macios para receber o golpe de faca que os tornará mais íntimos do cheiroso vinho morangueiro. Há que arranjar espaço ainda para as Orelhas de Abade... «oh as orelhas de abade principalmente, aquele gordo acepipe, cujo título é a melhor recomendação do seu carácter suculento e sério»! Esta é, caro leitor, a Consoada, em que segundo a Ramalhal figura «o que predomina em cada um dos convivas que nessa noite desdobram o guardanapo nos joelhos à mesa da família, não é o estômago, é o coração». A Consoada que se faz no Minho é quase igual à que se faz em Trás-os-

-Montes, que fica ali mesmo ao lado. O Vinho Quente com Passas que se não dispensa no Minho e no Douro, dá lugar ali à Jeropiga e o Ensopado de Congro pode juntar-se ao bacalhau para tornar a Consoada mais farta ainda, conservando o respeito pelo jejum que religião impõe, pois ali também se consôa antes da Missa do Galo. Já no Alentejo, onde cada vez mais, por imitação, o bacalhau ganha terreno, não há Consoada, é a Ceia do Menino Jesus e só tem lugar depois de beijado o Menino acabado de nascer. E honra-se o animal rei da região para o efeito sacrificado. Comem-se as Carnes Fritas, a Linguiça Frita acompanhada de gomos de laranja para desenjoar, o alvo Arroz-doce bordado a canela, as Filhós amassadas em grandes alguidares, os Sonhos enfolados porque bem batidos, os Brinhóis de Abóbora e os Nógados polvilhados com açúcar e canela ou a escorrer mel. As Azevias de Grão-de-bico, seriam uma ausência chorada em Castelo de Vide, onde no lugar do bacalhau se come a tradicional Alhada de Cação polvilhada com nozes raladas, simbolizando lembranças dos seus antepassados judaicos.

A Consoada ou a Ceia do Menino Jesus ou ainda a Missadura, conforme a geografia, é uma festa de excessos gastronómicos antecipadamente perdoados em nome da tradição. Na Madeira chamam-lhe apenas «A Festa», de tal maneira é grande! Começa a preparar-se com antecedência. Há que ter madura a carne do porquinho que teve direito a ração especial para dar uma boa Carne de Vinha d'Alhos. O Bolo de Mel, sem o qual a Festa não aconteceria, faz-se no dia da Senhora da Conceição, 8 de Dezembro. O entusiasmo é reforçado a 18 de Dezembro, aquando da primeira Missa do Parto, com romarias e foguetório para que todos saibam. Afinal festeja-se o nascimento de uma criança muito especial, o Redentor!

Na Estremadura não há uma Consoada tipo, há várias, há muitas. Tantas quantas as terras de onde vieram os que a procuraram e habitam. Mas o Bacalhau Cozido com a Couve Portuguesa, responde também aqui à chamada. Para rematar e acompanhar o Vinho Fino, inventaram-se umas broas: as Castelares e as lindíssimas Broas de Espécie, misturando as farinhas de trigo e de trigo com a batata-doce e o coco numa afirmação de abertura a outros sabores e a outras gentes. Broas é o que não pode faltar na mesa do ribatejano. Para isso tomaram-se as devidas previdências. Pelos Santos, quando são de tradição, fizeram-se já em quantidade que, conservadas em latas, chegassem maduras ao Natal. Antes há que fazer como toda a gente no País, que ali também se orgulham de ser portugueses: come-se o Bacalhau Cozido com Couves, regado com o doce e doirado azeite que tão bem sabem fazer. Como o horário escolhido é o do seu vizinho Alentejo, passada a meia-noite, come-se o Peru, seguido de Coscorões, Sonhos, Rolos Fritos e os indígenas e saborosos Pés de Abóbora, assim chamados pela semelhança com os caules da cucurbitácea, generosa colaboradora destas festanças, a mais das vezes usando a cor para simular a presença desejada de mais ovos.

É uma noite abençoadamente longa, cujo espírito se prolonga até ao dia em que se celebra o reconhecimento do Menino pela realeza. No Dia de Reis, em todo o País, sem qualquer excepção, come-se um lindo bolo vindo de França. Mas que adoptámos plenamente desde 1829, atravessando com êxitos vários reinados e aceite, não sem algumas peripécias, pela República.

Era assim, é assim, e assim será sempre a Festa do Natal português.

©2021, Maria de Lourdes Modesto
e Oficina do Livro
uma chancela LeYa, S.A.

Rua Cidade de Córdova, 2
2610-038 Alfragide
Tel.: 214 272 200 · Fax: 214 717 737

Título: *Coisas que eu sei*
Texto e receitas: *Maria de Lourdes Modesto*
Colaboração: *Maria Manuela Assis de Brito*
Ilustrações: *João Pedro Cochofel*
Design: *Maria Manuel Lacerda / 386 design.com*
Impressão e acabamento: Norprint – A Casa do Livro
1.ª edição: Maio, 2021
ISBN: 978-989-660-722-7
Depósito legal n.º: 481 288/21

Por vontade expressa da autora, o livro respeita a ortografia anterior
ao Actual Acordo ortográfico.

Algumas destas crónicas foram originalmente publicadas no *Diário de Notícias*,
tendo sido refeitas e actualizadas para este livro.